诚信为本 操守为重
坚持准则 不做假账

——与学习会计的同学共勉

顾颉刚讲史
谭其骧本 不为过
乐安孙氏重
海昌本

——本书为百衲本二十四史系列

"十二五"职业教育国家规划教材修订版

高等职业教育财务会计类专业经典系列教材

主编 江希和 向有才

成本会计案例与实训

（第六版）

高等教育出版社·北京

内容提要

本书是"十二五"职业教育国家规划教材修订版。

本书根据财政部新颁布的企业会计准则和产品成本核算制度,为了便于学生从理论与实务两个方面更好地掌握成本会计内容,提高分析问题、解决问题和创新的能力,巩固学习成果,方便教师教学编写而成。本书内容包括案例和实训两个部分。案例部分包括分章案例讨论、成本计算与分析综合案例两部分。实训包括分章练习和制造成本实务模拟综合训练两部分。分章练习的题型包括五种,即单项选择题、多项选择题、判断题、填空题和业务核算题;制造成本实务模拟综合训练包括产品成本计算四个方面的训练内容,即品种法、分批法、逐步结转分步法和平行结转分步法。各部分的参考答案在配套的教学资源中给出,具体获取方式见书后"郑重声明"页的资源服务提示。

本书可作为高等职业院校、成人高校及应用型本科院校财经专业及相关会计类专业的辅助配套用书,也可作为在职人员培训及经济管理领域工作人员的参考用书。

图书在版编目(CIP)数据

成本会计案例与实训 / 江希和,向有才主编. -- 6版. -- 北京:高等教育出版社,2019.3(2020.5重印)
ISBN 978-7-04-051337-0

Ⅰ.①成… Ⅱ.①江…②向… Ⅲ.①成本会计-高等职业教育-教学参考资料 Ⅳ.①F234.2

中国版本图书馆 CIP 数据核字(2019)第 024353 号

成本会计案例与实训
CHENGBEN KUAIJI ANLI YU SHIXUN

策划编辑 武君红	责任编辑 贾玉婷	封面设计 李卫青	版式设计 杜微言
责任校对 张 薇	责任印制 刁 毅		

出版发行	高等教育出版社	网 址	http://www.hep.edu.cn
社 址	北京市西城区德外大街4号		http://www.hep.com.cn
邮政编码	100120	网上订购	http://www.hepmall.com.cn
印 刷	北京佳顺印务有限公司		http://www.hepmall.com
开 本	787mm×1092mm 1/16		http://www.hepmall.cn
印 张	10.25	版 次	2001年7月第1版
字 数	250千字		2019年3月第6版
购书热线	010-58581118	印 次	2020年5月第5次印刷
咨询电话	400-810-0598	定 价	22.80元

本书如有缺页、倒页、脱页等质量问题,请到所购图书销售部门联系调换
版权所有 侵权必究
物 料 号 51337-00

出版说明

教材是教学过程的重要载体,加强教材建设是深化职业教育教学改革的有效途径,推进人才培养模式改革的重要条件,也是推动中高职协调发展的基础性工程,对促进现代职业教育体系建设,切实提高职业教育人才培养质量具有十分重要的作用。

为了认真贯彻《教育部关于"十二五"职业教育教材建设的若干意见》(教职成〔2012〕9号),2012年12月,教育部职业教育与成人教育司启动了"十二五"职业教育国家规划教材(高等职业教育部分)的选题立项工作。作为全国最大的职业教育教材出版基地,我社按照"统筹规划,优化结构,锤炼精品,鼓励创新"的原则,完成了立项选题的论证遴选与申报工作。在教育部职业教育与成人教育司随后组织的选题评审中,由我社申报的1 338种选题被确定为"十二五"职业教育国家规划教材立项选题。现在,这批选题相继完成了编写工作,并由全国职业教育教材审定委员会审定通过后,陆续出版。

这批规划教材中,部分为修订版,其前身多为普通高等教育"十一五"国家级规划教材(高职高专)或普通高等教育"十五"国家级规划教材(高职高专),在高等职业教育教学改革进程中不断吐故纳新,在长期的教学实践中接受检验并修改完善,是"锤炼精品"的基础与传承创新的硕果;部分为新编教材,反映了近年来高职院校教学内容与课程体系改革的成果,并对接新的职业标准和新的产业需求,反映新知识、新技术、新工艺和新方法,具有鲜明的时代特色和职教特色。无论是修订版,还是新编版,我社都将发挥自身在数字化教学资源建设方面的优势,为规划教材开发配备数字化教学资源,实现教材的一体化服务。

这批规划教材立项之时,也是国家职业教育专业教学资源库建设项目及国家精品资源共享课建设项目深入开展之际,而专业、课程、教材之间的紧密联系,无疑为融通教改项目、整合优质资源、打造精品力作奠定了基础。我社作为国家专业教学资源库平台建设和资源运营机构及国家精品开放课程项目组织实施单位,将建设成果以系列教材的形式成功申报立项,并在审定通过后陆续推出。这两个系列的规划教材,具有作者队伍强大、教改基础深厚、示范效应显著、配套资源丰富、纸质教材与在线资源一体化设计的鲜明特点,将是职业教育信息化条件下,扩展教学手段和范围,推动教学方式方法变革的重要媒介与典型代表。

教学改革无止境,精品教材永追求。我社将在今后一到两年内,集中优势力量,全力以赴,出版好、推广好这批规划教材,力促优质教材进校园、精品资源进课堂,从而更好地服务于高等职业教育教学改革,更好地服务于现代职教体系建设,更好地服务于青年成才。

高等教育出版社

二〇一四年七月

第六版前言

　　《成本会计教程》(第五版)出版后,财政部对部分企业会计准则进行了修订,并出台了《企业产品成本核算制度(试行)》,同时修订及新出台了大量财经法规。在这种新形势下,我们对《成本会计教程》(第五版)进行了修订,本书作为配套辅导教材同步修订。

　　本书是根据财政部新颁布的有关企业会计准则和产品成本核算制度等修订而成。本书包括案例和实训两个部分。案例包括两部分,即分章案例讨论、成本计算与分析综合案例。实训也包括两个部分,即分章练习和制造成本实务模拟综合训练。分章练习部分设计了五种题型,即单项选择题、多项选择题、判断题、填空题和业务核算题,内容涵盖各章所有的重点难点内容;制造成本实务模拟综合训练,主要是给出实际工作中一个企业某一时期的经过整合的成本核算资料,让学生用已学的几种常用制造成本计算方法去解决实际问题。制造成本实务模拟综合训练包括产品成本计算四个方面的训练内容,即品种法、分批法、逐步结转分步法和平行结转分步法。本书的案例可为教师实施案例式教学提供素材。

　　本书由南京师范大学会计与财务管理系江希和教授和向有才老师主编,我校会计与财务管理系的李芸、王佩、高爱芳、廖浪涛、孙萍、沈涟波等老师也提供了相关帮助,在此一并表示衷心感谢。

　　由于时间及编者水平有限,书中难免存在不妥或错误之处,恳请广大专家及读者批评指正。

江希和

二〇一八年十二月

第一版前言

本书是教育部高职高专规划教材,是《成本会计》(江希和主编)的配套习题集。

本书主要是为了便于学生对成本会计课程的基本知识和基础技能的掌握,便于学生分析问题和解决问题能力的培养而设计的,全书分为两大部分,即习题与习题参考答案。为了使学生适应毕业以后参加国家相关专业的资格考试或职称考试需要,习题部分的题型设计,基本上采用注册会计师、会计师等考试所采用的基本题型,包括:单项选择题、多项选择题、判断题、填空题和业务核算题等,其内容覆盖了教材基本知识和基本方法的各个方面。习题答案部分主要是为了满足学生的自学需要而设计,内容详尽规范。

本书由南京师范大学会计系江希和、向有才同志编写,南京师范大学会计系袁晓舲副教授主审。本书适合高职、高专、成人院校会计专业学生使用,也可供其他会计实务工作者参考。

本书在编写过程中得到了高等教育出版社傅英宝、陈琪琳和张雪辉等老师的大力支持,在此一并表示感谢。

作 者

二〇〇一年四月

目录

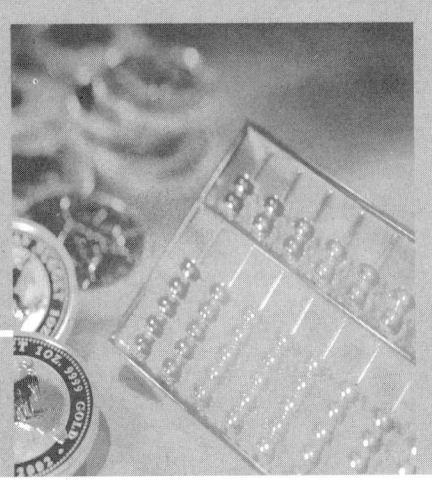

第一部分　案例 ………………………………………………………………………… 1
　　案例一　分章案例讨论 …………………………………………………………… 2
　　案例二　成本计算与分析综合案例 ……………………………………………… 22
第二部分　实训 ………………………………………………………………………… 31
　　实训一　分章练习 ………………………………………………………………… 32
　　　第一章　总论 …………………………………………………………………… 32
　　　第二章　产品成本核算概述 …………………………………………………… 35
　　　第三章　产品成本构成要素的归集与分配 …………………………………… 39
　　　第四章　在产品与产成品成本核算 …………………………………………… 54
　　　第五章　产品成本计算方法概述 ……………………………………………… 62
　　　第六章　产品成本计算的品种法 ……………………………………………… 66
　　　第七章　产品成本计算的分批法 ……………………………………………… 70
　　　第八章　产品成本计算的分步法 ……………………………………………… 77
　　　第九章　产品成本计算的分类法 ……………………………………………… 92
　　　第十章　产品成本计算的定额法 ……………………………………………… 98
　　　第十一章　成本报表 …………………………………………………………… 102
　　　第十二章　成本分析 …………………………………………………………… 104
　　　第十三章　成本控制 …………………………………………………………… 108
　　　第十四章　作业成本法 ………………………………………………………… 115
　　实训二　制造成本实务模拟综合训练 …………………………………………… 117
　　　训练一　产品成本计算的品种法 ……………………………………………… 117
　　　训练二　产品成本计算的分批法 ……………………………………………… 128
　　　训练三　产品成本计算的逐步结转分步法 …………………………………… 135
　　　训练四　产品成本计算的平行结转分步法 …………………………………… 146

第一部分
案　例

案例一　分章案例讨论

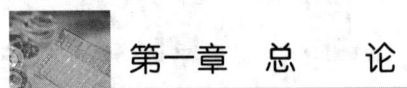

第一章　总　论

万红和张瑞在王老师安排的讨论课上，为一个案例的支出、费用、生产费用和产品成本结果争论得面红耳赤。万红认为该公司该月份的支出总额为 708 万元，费用为 619.5 万元；生产费用为 464.25 万元，产品成本为 464.25 万元。张瑞认为万红说的结果都不对。

该案例为：中贸公司 8 月份购买了一台设备支出 50 万元，为购买该设备支付增值税 8 万元，该设备预计使用 10 年，无残值；支付公司行政人员工资 30 万元，支付了职工福利 4.2 万元，还发生了工会经费、教育经费 1.05 万元；支付公司办公等费用 10 万元；支付本月生产产品的工人工资 100 万元，生产管理人员工资 10 万元，并按规定比例提取了职工福利、工会经费和教育经费；支付广告费 50 万元，销售产品差旅费 5 万元；支付运动会赞助费 20 万元，被行政罚款 10 万元；本月折旧费 50 万元，其中公司管理部门 15 万元，车间 35 万元；本月应交所得税 20 万元；应分配给投资人利润 20 万元；生产领用材料 300 万元；购进材料 500 万元。

问题：
（1）你将如何判断万红的数据划分？
（2）请报告出各项目的正确数据。

第二章 产品成本核算概述

1. 华山电器制造公司是一个拥有80名职工的小型企业,主要生产消毒柜。王明青是刚分配到该公司担任成本核算的会计人员。王明青接手此工作后,觉得公司成本核算比较粗,成本核算的基础工作也不健全,不能满足企业成本管理要求。于是他根据学校所学,仔细规划了成本核算方案,将产品成本项目设计为"直接材料""直接人工""燃料及动力""制造费用"四个成本项目。其中"直接材料"成本项目设计为多栏式明细项目,分"原材料""主要材料""燃料""辅助材料"等小栏目详细反映其所耗,为考核所有材料耗费提供资料。但由于其中的辅助材料所占比例非常小,决定不按实际成本计价,而按计划成本计价。

问题:请用产品成本核算的有关原则评价王明青的做法是否合适。

2. 某企业8月份有关费用资料如下:生产耗用原材料80 000元,辅助材料1 000元,燃料2 000元,电费5 000元,生产工人工资10 000元,车间管理人员工资5 000元,车间办公费500元,生产用机器修理费500元,企业管理人员工资40 000元,电话费1 000元,支付购买原材料所借款项10万元的利息5 000元,支付购买车间用设备所借款项50万元的利息30 000元,固定资产报废清理损失1 000元。企业成本会计人员将此费用的分类内容列示如下:

生产经营管理费用	190 000元
生产费用	15 000元
产品成本	104 000元
期间费用	55 000元

问题:用产品成本核算要求中"正确划分各种费用界限"的要求来评价该企业成本会计人员的费用分类项目的数额是否正确,并说明原因。

第三章　产品成本构成要素的归集与分配

1. 向阳公司是一家生产变压器的制造企业,在产品成本的构成内容中,材料费用占的比重达60%。材料的采购成本按实际成本计价核算,发出材料采用先进先出法核算其成本。

问题:

(1) 在物价持续上涨条件下,采用先进先出法将对企业产品生产成本带来什么影响?

(2) 这种方法选择对企业未来发展是否有利?理由是什么?

2. 永华公司20×8年第一季度A材料进货情况如表1.1.3.1所示。

表1.1.3.1　A材料进货情况表

进货日期	数量/千克	单位成本/元	总成本/元
1月5日	1 000	100	100 000
2月10日	4 000	105	420 000
3月26日	5 000	110	550 000

该公司一直采用后进先出法核算生产领用材料成本,由于新的《企业会计准则》的实施,将其计价方法改为先进先出法。

问题:

(1) 此项决策会对企业产生什么影响?

(2) 假定该公司于3月15日领用A材料12 000千克,其中生产甲产品领用10 000千克(而且该公司只生产甲产品一种产品),车间一般耗用500千克,生产车间扩建用1 500千克,该公司成本会计人员编制的材料分配表如表1.1.3.2所示。

表1.1.3.2　材料分配表　　　　　　　　　　　　　　　　　　　单位:元

应借账户	成本账户	直接计入	间接计入	费用合计
基本生产成本——甲产品	直接材料	1 070 000		1 070 000
基本生产成本——甲产品	直接材料		56 000	56 000
在建工程		168 000		168 000
合　　计		1 238 000	56 000	1 294 000

问题:如果你是该公司的会计顾问,你觉得该公司会计人员编的材料分配表格式怎样,表内的内容和数字是否正确?说明理由。

3. 新新公司生产的产品,耗用主要材料最多,燃料也占有相当比重,但耗用的外购动力费用占的比重很小,从管理和简化核算上考虑,该公司在成本核算时,将燃料费用专设了"燃料"成本项目,而将动力费用全部计入制造费用(根据制造车间的仪表计算确认其数额)。该公司新调任张明为成本会计,张明上任后,将企业生产产品发生的外购动力费用全部直接列入基本生产成本的"直接材料"成本项目。

问题:
(1) 该公司的做法是否正确?说明理由。
(2) 你认为张明的做法是否正确?为什么?

4. 紫金公司有两个基本生产车间,第一车间生产甲、乙两种产品,第二车间生产丙、丁两种产品。甲、乙两种产品生产工人的工资方式实行的是计时工资,丙、丁两种产品生产工人的工资实行的是计件工资。20×8年8月份的有关资料为:甲、乙、丙、丁四种产品投产量分别为1 000件、2 000件、1 000件、2 000件,生产甲、乙产品的工人计时工资总额为85 000元,生产丙、丁产品的工人奖金和津贴共8 800元;单位工时定额甲产品为20小时,乙产品为10小时。另外,第一车间和第二车间管理人员工资分别为4 000元和6 500元,公司行政管理人员工资22 000元,福利部门人员工资3 000元。该公司财务处会计李霞编制的职工薪酬分配表见表1.1.3.3。

表1.1.3.3 职工薪酬分配表　　　　　　　　　　　　金额单位:元

项目类别		基本生产成本				制造费用	管理费用	职工福利	合计
		甲产品	乙产品	丙产品	丁产品				
		直接材料	直接材料	直接材料	直接材料				
第一车间	定额工时	2 000	2 000						
	分配率	2.125	2.125						
	应分配工资	42 500	42 500			4 000			89 000
	职工福利	5 950	5 950			560			12 460
第二车间	直接计入费用			12 000	32 000				44 000
	间接计入费 分配率			0.2	0.2				
	间接计入费 分配额			2 400	6 400	6 500			15 300
	费用小计			14 400	38 400	6 500			59 300
	职工福利			2 016	5 376	910			8 302
行政管理部门	职工薪酬						25 080		25 080
福利部门	职工薪酬							3 420	3 420
合　　计		48 450	48 450	16 416	43 776	11 970	25 080	3 420	197 562

问题：

(1) 请仔细查看此分配表有无问题，如有请指出。

(2) 设计一个更直观且合理的分配表，并请设计和填写正确的数据。

5. 双利公司对固定资产一直采用直线法提折旧。20×9 年 1 月该公司总经理在管理培训班学习结束后向会计主管提议采用新的折旧方法，总经理所建议的折旧费用计算见表 1.1.3.4。他认为，在固定资产接近寿命结束时，其维修的支出也很大，而采用新的折旧方法在接近寿命结束时会增加资金回收量；同时，会因增加折旧费用而使企业所得税支出减少。

表 1.1.3.4　折旧费用计算表　　　　　　　　　　　　单位：元

年　次	折旧费用	各年年底累计折旧	各年年底的账面价值
1	2 000	2 000	30 000
2	4 000	6 000	26 000
3	6 000	12 000	20 000

问题：总经理的提议理由是否成立？为什么？

6. 双利公司有两个辅助生产车间分别向全公司提供电和水的劳务，两个辅助生产车间也相互提供劳务，而且用量还比较大。成本核算员王兴根据辅助生产的特点以及为了简化核算工作量，决定将各辅助生产车间的费用总额一次性地全部分给辅助生产部门以外的各受益对象。

问题：

(1) 对王兴的做法进行评价。

(2) 提出你认为最为理想的分配方法并说明理由。

第四章 在产品与产成品成本核算

1. 兴华公司生产的甲产品经过两道工序加工完成,20×8 年 8 月末各工序在产品数量为:第一道工序 100 件,第二道工序 150 件,其中第二道工序在产品中有正在返修的废品 20 件。另外,在企业的半成品明细账中,有本月加工完成入库的第一道工序产品 100 件。第二道工序本月加工完成的产品有 800 件,其中有 200 件尽管完工,但尚未来得及办理入库手续,另外有 10 件在验收时发现质量有严重问题而未能入库,等待返修。在月末分配生产费用确定在产品数量时,财务科小张和小王产生了分歧。小张认为月末在产品数量应为 250 件,小王说月末在产品应为 560 件。

问题:他们俩分歧的原因何在?从分配完工产品和月末在产品应负担生产费用角度看,你认为月末在产品应该为多少?

2. 建宁公司生产的乙产品由三道工序完成,原材料随加工进度陆续投入。原材料消耗定额为:第一道工序 50% ,第二道工序 40% ,第三道工序 10% 。在产品各道工序的消耗定额按 50% 计算。月末在产品数量:第一道工序 2 000 件,第二道工序 1 500 件,第三道工序 1 000 件。该月月初在产品原材料费用和本月原材料费用合计为 35 000 元。该月完工产品数量为 2 500 件。

问题:公司财务处小王希望用约当产量法计算完工产品和月末在产品的原材料费用,但不知如何下手,你能帮助小王解决这个问题吗?

3. 工厂生产的丙产品 9 月初在产品定额原材料费用 45 600 元,定额工时 14 500 小时;本月投入定额原材料费用 64 000 元,定额工时 18 600 小时。月初在产品实际成本为:原材料费用 54 000 元,薪酬费用 8 400 元,制造费用 12 800 元;本月发生的生产费用为:原材料 66 000 元,薪酬费用 9 600 元,制造费用 11 200 元。丙产品经过三道工序加工完成,各工序在产品数量分别为 50 件、80 件、90 件,在产品原材料费用定额各道工序为 100 元;工时定额三道工序各为 20 小时。

问题:请思考一下,用什么方法能求得完工产品和月末在产品的实际成本,请计算出各为多少,并计算出完工产品定额原材料费用和定额工时。

第五章 产品成本计算方法概述

1. 华明自行车厂是新成立的股份制企业,主要生产华明牌自行车。自行车的所有零部件都由自己生产,每种零部件都是在一个独立的生产车间生产。所产零部件大多是企业自用,也有部分对外出售;各零部件生产车间生产完成后都移交入半成品库,最后由装配车间从半成品库领取组装成产品对外出售。

问题:根据该企业的生产特点,可以采用哪一种或哪几种产品成本计算方法?说明理由。

2. 华云服装厂是一个专门生产休闲服装的中型企业,生产的基本情况如下:

(1) 产品的款号很多,一般情况下达七八百种,而且每个款号的产品产量不是很多。

(2) 每个款号的产品成本由于材料不同等原因,其成本也不一样,有的甚至差距还很大。而且即使同一款号的衣服,每次生产的成本也不一样,如果一次性多做些,单件成本就会低一点。

(3) 工人工资是计件工资,计件工资标准不同的服装款号并不完全相同。计件工资标准每两个月定一次,而且都是在月初确定以便调动工人的积极性。

(4) 该企业是采用在一些城市特别是县城和镇设立销售门市部的营销方式,因而总体上是根据市场调研进行计划生产,而不是根据订单生产。

(5) 每个月的生产总数和用料总数都可以在当月确定。

问题:请根据该企业的上述情况,谈谈对该企业的产品该如何进行有效的成本核算?

第六章 产品成本计算的品种法

据《华尔街日报》(1997 年 8 月 16 日)报道,在美国全国运输安全委员会(NTSB)和联邦航空管理局(FAA)的施压下,美国西南航空公司宣布将花费 2 000 万美元为其航班数据记录系统升级。

问题:记录系统成本是生产成本还是期间成本?记录系统成本的最终承担者是谁?

第七章 产品成本计算的分批法

某小型机械加工生产企业，主要根据有关企业的需要，为其常年生产一些机器设备的通用零配件，这些零配件都要经过多个生产步骤加工才能完成。另外，该企业在保证完成有关企业生产零配件需要的同时，也生产一些这方面的通用件，通过自设的门市部对外销售，但最后步骤以前的各个步骤的产品不对外出售。某月份，该企业接待一个客户，希望能为其生产一批零部件，该企业觉得由于批量不大，企业在保证正常任务完成的情况下有能力生产，加上加工程序和工艺与企业所生产的产品相类似，决定接受这批订货的生产。该企业的成本会计方富在成本核算上，对原来常年生产的产品采用品种法计算其成本，而对这批订货采用分批法计算其成本。刚分来的大学生杨刚认为，企业对常年生产的、需要经过多个步骤才能完成的零部件采用品种法核算不合适；而对这批订货，企业既然对其他产品一直采用品种法计算成本，那么根据该批订货的特点，也可以采用品种法计算，没有必要采用分批法。

问题：你对杨刚的观点怎样评价？

第八章 产品成本计算的分步法

1. 张明是班上的成本会计课程的课代表,在一天上讨论课的时候,张明对产品成本基本计算方法发表了如下见解:

品种法、分批法和分步法这三种成本计算方法,尽管成本计算对象不同,但基本计算程序、计算原理实际上是一样的,其整个成本计算过程简单地说都只需经过这样两个步骤:① 将产品生产过程中发生的各种耗费采用一定的分配方法分配给有关产品,并记入各有关成本费用明细账;② 月末将各产品成本明细账中归集的生产费用在完工产品和在产品之间进行适当分配,计算出完工产品成本和在产品成本。因此,在学习时,只要掌握了品种法的基本原理,并真正吃透了它的内涵,对书上分批法和分步法的内容即使不看或稍微看一下,在遇到需要用分批法或分步法计算产品成本时,也是能够按照要求解决问题的。

问题:你赞成张明的说法吗?为什么?

2. 某企业生产 A 产品要经过两个步骤加工完成,各步骤的产品都对外出售,企业要求要反映各步骤的成本构成,以便分析考核其成本耗费水平。原材料是在生产开始时一次投入,其他费用按完工程度比例发生而且均为 50%,各步骤完工产品与月末在产品成本费用分配采用约当产量法。20×8 年 11 月份资料见表 1.1.8.1 和表 1.1.8.2。

表 1.1.8.1 A 产品成本明细表 单位:元

成本项目	期初在产品成本			本期生产费用		
	第一步骤	第二步骤	合计	第一步骤	第二步骤	合计
直接材料	37 670		37 670	275 530		275 530
直接人工	5 500	4 480	9 980	40 260	22 120	62 380
制造费用	2 100	1 340	3 440	17 140	14 810	31 950
合 计	45 270	5 820	51 090	332 930	36 930	369 860

表 1.1.8.2 各步骤产量投入、完成、转移情况表 单位:件

摘　　要	第一步骤	第二步骤
期初在产品数量	60	80
本期投入生产数量	400	420
转移下一步骤数量	420	450
期末在产品数量	40	50

该企业成本会计汪晓芸为了简化成本计算,用平行结转分步法计算了产品成本,具体内容见表 1.1.8.3、表 1.1.8.4 的各步骤成本计算单。

表 1.1.8.3　第一步骤产品成本计算单　　　　　　　　　　　　　金额单位:元

	成本项目	直接材料	直接人工	制造费用	合计
生产费用	期初在产品	37 670	5 500	2 100	45 270
	本期发生额	275 530	40 260	17 140	332 930
	合　计	313 200	45 760	19 240	378 200
生产数量	产成品数量	450	450	450	
	本步完工存于后步骤半成品	50	25	25	
	期末本步骤在产品约当量	40	20	20	
	合　计	540	495	495	
	分　配　率	580	92.44	38.87	
	本步骤计入产成品份额	261 000	41 598	17 490	320 088
	期末在产品成本	52 200	4 162	1 750	58 112

表 1.1.8.4　第二步骤产品成本计算单　　　　　　　　　　　　　金额单位:元

	成本项目	直接材料	直接人工	制造费用	合计
生产费用	期初在产品		4 480	1 340	5 820
	本期发生额		22 120	14 810	36 930
	合　计		26 600	16 150	42 750
生产数量	产成品数量		450	450	
	本步完工存于后步骤半成品				
	期末本步骤在产品约当量		25	25	
	合　计		475	475	
	分　配　率		56	34	90
	计入产成品份额		25 200	15 340	40 500
	期末在产品成本		1 400	810	2 250

问题：

（1）汪晓芸对该企业产品成本计算采用平行结转分步法妥否？请说明理由。

（2）就平行结转分步法来说，汪晓芸的计算结果对否？如不对，请指出错在何处，正确数应是多少？

第九章 产品成本计算的分类法

华兴企业生产的甲类产品有三种规格。材料是生产开始时一次投入,月末在产品成本按年初在产品固定成本计价。4月份有关资料见表1.1.9.1和表1.1.9.2。

表1.1.9.1 甲类产品产量及定额

20×8年4月

产品	产量	单位产品材料定额/元	材料定额总成本/元	单位产品工时定额	定额总工时
甲1	3 000	60	180 000	2	6 000
甲2	4 000	72	288 000	3	12 000
甲3	1 000	90	90 000	4	4 000
合计			558 000		22 000

表1.1.9.2 甲类产品成本计算单

20×8年4月 单位:元

项目	直接材料	直接人工	制造费用	合计
月初在产品成本	46 200	2 200	1 600	50 000
本月生产费用	613 800	30 800	26 400	671 000
合计	660 000	33 000	28 000	721 000
本月完工产品成本	613 800	30 800	26 400	671 000
月末在产品成本	46 200	2 200	1 600	50 000

该企业成本会计郝玉是刚参加工作的大学生,他在甲类三种产品之间分配成本时,用的是定额比例法,其分配结果如表1.1.9.3所示。

表1.1.9.3 甲类各种产品成本计算表

(定额比例法) 金额单位:元

项目	直接材料	直接人工	制造费用	合计
分配率	613 800/558 000=1.1	30 800/22 000=1.4	26 400/22 000=1.2	
甲1	198 000	8 400	7 200	213 600
甲2	316 800	16 800	14 400	348 000
甲3	99 000	5 600	4 800	109 400
合计	613 800	30 800	26 400	671 000

记账会计田芹见到此情况后对郝玉说:"不应用定额比例法,应该用系数分配法分配才合理且准确。"郝玉说:"没关系的,根据甲类产品的现有条件,完全可以用定额比例法,而且分配结果与系数分配法一样。"

问题:请分析判定一下,他们俩谁说得对(采用数据说明)。

第十章 产品成本计算的定额法

有人说,由于定额法是以产品定额成本为基础,加或减脱离定额的差异和定额变动差异等来计算实际成本的一种方法,所以它的适用范围非常广泛。不论什么类型的生产企业,只要定额管理制度比较健全,定额管理基础工作较好,消耗定额稳定,产品已经定型,都可以采用定额法。

问题:对此观点,你赞成否?为什么?

第十一章 成本报表

某厂 20×8 年 12 月份全部产品成本资料见表 1.1.11.1。

表 1.1.11.1　全部产品成本资料

项　目		可比产品		不可比产品
		甲产品	乙产品	（丙产品）
产量/件	本月	120	150	12
	本年累计	1 200	1 500	120
单位产品生产成本/元	上年实际	240	480	
	本年计划	235	460	600
	本月实际	220	465	590
	本年累计实际	216	468	596

李明同学计算出的可比产品成本降低率为 4.64%，本年计划成本降低率为 3.58%；而李强同学计算的结果为可比产品成本降低率为 3.58%，本年计划成本降低率为 4.64%。

问题：你认为谁的结果正确，说明理由。

第十二章 成本分析

东山公司是一家实力雄厚的股份有限公司。20×8年生产甲、乙、丙三种产品，20×8年的利润较20×7年有较大幅度下降，公司准备在20×9年采取措施，努力降低成本。为此，决定对公司的成本情况进行分析，找出差距，寻求降低成本的方向。

公司成本资料见表1.1.12.1～表1.1.12.5。

表1.1.12.1　商品产品成本表

编制单位：东山公司　　　　　　　　　20×8年度　　　　　　　　　　　金额单位：万元

产品名称	计量单位	产量		单位成本			计划总成本（计划产量）		本年总成本（实际产量）		
		计划	实际	上年实际	本年计划	本年实际	按上年实际平均单位成本计算	按本年实际单位成本计算	按上年实际平均单位成本计算	按本年实际单位成本计算	实际成本
		(1)	(2)	(3)	(4)	(5)	(6)	(7)	(8)	(9)	(10)
一、可比产品											
甲产品	吨	200	210	20.5	19.6	21.2	4 100	3 920	4 305	4 116	4 452
乙产品	吨	95	100	40.86	40.3	40.4	3 881.7	3 828.5	4 086	4 030	4 040
小计							7 981.7	7 748.5	8 391	8 146	8 492
二、不可比产品											
丙产品	吨	1 000	1 000		5.7	5.72	5 700			6 270	6 292
全部商品产品成本							1 3448.5			14 416	14 784

表1.1.12.2　甲产品单位成本表

编制单位：东山公司　　　　　　　　　20×8年度　　　　　　　　　　　金额单位：万元

成本项目	历史先进水平	上年实际平均	本年计划	实际平均
直接材料	9.12	10.51	9.83	10.96
直接人工	2.66	3.82	3.72	3.73
制造费用	5.72	6.17	6.05	6.51
产品生产成本	17.5	20.5	19.6	21.2
技术经济指标	用量	用量	用量	用量
A材料消耗量/吨	1.13	1.236	1.15	1.241
A材料单价	8.07	8.5	8.55	8.83

表 1.1.12.3　成本项目表

20×8 年度　　　　　　　　　　　　　　　　　　　　　　　　　单位：万元

成本项目	商品产品成本	
	计划	实际
直接材料	7 670.8	7 911.1
直接人工	2 190.2	2 000.9
制造费用	4 555	4 872
生产成本	14 416	14 784

表 1.1.12.4　制造费用明细表

20×8 年度　　　　　　　　　　　　　　　　　　　　　　　　　单位：万元

项　　目	本年实际	本年计划
职工薪酬	1 238.09	1 251.09
折旧费	1 006.79	1 011.48
修理费	246.97	259.15
办公费	350.46	458.51
水电费	1 082.89	1 370.92
机物料消耗	169.12	150.77
劳动保护费	189.67	166.53
租赁费	85.61	85.61
保险费	105.29	67.75
其他	80.11	50.19
制造费用合计	4 555	4 872

表 1.1.12.5　乙产品单位成本表

编制单位：东山公司　　　　　　20×8 年度　　　　　　　　　　金额单位：万元

成本项目	历史先进水平	上年实际平均	本年计划	实际平均
直接材料	20.07	21.04	20.98	20.96
直接人工	5.61	6.12	6.11	6.1
制造费用	12.82	13.7	13.21	13.34
产品生产成本	38.5	40.86	40.3	40.4
技术经济指标	用量	用量	用量	用量
B 材料消耗量/吨	1.87	1.811	1.81	1.8
B 材料单价	11.27	11.62	11.59	11.64

　　问题：你认为该公司是否有降低成本的潜力？潜力具体表现在哪些方面？该公司成本管理方面存在哪些问题？

 第十三章 成 本 控 制

在一次成本控制专项座谈会中,有一位管理人员提出:"材料价格应由采购部门负责,材料用量差异应由生产部门负责。"

问题:你认为这种成本控制的方法对吗?请说明你的理由。

第十四章　作业成本法

Valport 公司是一家专业化很强的电子公司,现在公司的Ⅰ号产品面临着来自其他公司的强烈竞争。Valport 公司的竞争对手一直在压低Ⅰ号产品的价格。而 Valport 公司的Ⅰ号产品比其他所有竞争对手的产量都高,并且是 Valport 公司生产效率最高的产品。Valport 公司的总经理一直在思考:为什么其他公司这种产品的价格远远比他们的价格低。不过,让 Valport 公司总经理高兴的是:Valport 公司新开发的Ⅲ号产品虽然生产工艺复杂,产量远不及公司生产的Ⅰ号产品和Ⅱ号产品的产量。但由于专业化程度非常高,其他竞争对手不想涉足这种产品生产,所以公司几次提高Ⅲ号产品的售价,客户仍是源源不断。

Valport 公司的定价策略是将目标价格设定为产品制造成本的 110%,产品制造成本所包括的间接费用即制造费用依据直接人工工时分配。由于 Valport 公司Ⅰ号产品的竞争对手一直在压低Ⅰ号产品的价格。结果 Valport 公司Ⅰ号产品的销售价格已降到了 75 美元以下。

在 20×8 年公司年末总结会上,Valport 公司总经理问主计长:"George,为什么我们的产品竞争不过其他公司的产品?他们的Ⅰ号产品仅售 69 美元,比我们的Ⅰ号产品成本还要少 1 美元。这是怎么回事?"

"我认为是我们过时的产品成本计算方法造成的。"George 说:"也许你还记得,我刚来公司时,采用一种作业成本计算法做了一项先期研究。结果发现,公司采用的传统制造成本计算法高估了产量高、工艺简单的Ⅰ号产品的成本,并且大大低估了Ⅲ号产品的成本。对此我曾提出过警告,但公司仍保持原有的方法。"

"好的,"总经理说:"你下午给我提供作业成本计算法的有关数据。"

George 回到办公室后,整理了 Valport 公司 20×8 年年末会计系统提供的有关数据,并列出了 Valport 公司 20×8 年年末产品成本和年度销售数据如表 1.1.14.1。

表 1.1.14.1　产品成本和年度销售数据

	Ⅰ号产品	Ⅱ号产品	Ⅲ号产品
年销售量/件	100 000	50 000	10 000
单位产品成本	$ 70	$ 71	$ 160
其中:直接材料	$ 10	$ 25	$ 40
直接人工	$ 10	$ 16	$ 20
制造费用	$ 50	$ 30	$ 100
直接人工工时/小时	50 000	15 000	10 000

制造费用明细见表 1.1.14.2。

表 1.1.14.2　制造费用明细

制造费用明细	金额
机器维修	$ 1 500 000

续表

制造费用明细	金额
机器折旧	$ 3 000 000
产品检测	$ 1 500 000
机器准备	$ 500 000
材料处理	$ 500 000
产品包装	$ 500 000
总计	$ 7 500 000

制造费用分配率 = $\dfrac{7\,500\,000}{50\,000+15\,000+10\,000}$ = 100 美元/小时

George 也列出了作业成本计算法下,间接费用分配的有关数据如表 1.1.14.3 所示。

表 1.1.14.3　间接费用分配的有关数据

作业成本库	成本动因	三种产品作业成本分摊比例		
		Ⅰ号产品	Ⅱ号产品	Ⅲ号产品
机器维修	机器小时	50%	30%	20%
机器折旧	机器小时	40%	20%	40%
产品检测	检测次数	50%	20%	30%
机器准备	准备次数	45%	30%	25%
材料处理	材料定单数量	45%	35%	20%
产品包装	包装小时	50%	30%	20%

问题:在主计长 George 采用作业成本计算法确定的三种产品成本,在作业成本计算法下三种产品的目标销售价格基础上,给 Valport 公司总经理写一份备忘录,解释传统的制造成本计算法与作业成本计算法的不同,并说明传统制造成本计算法可能造成的结果。另外,Valport 公司应做何种战略选择?为什么?

案例二　成本计算与分析综合案例

一、企业基础资料

汇丰保温瓶厂是一家小型企业,生产大、中、小三种不同型号的塑料保温瓶。一车间是塑料车间、主要从事保温瓶塑料外壳和塑料配件的生产,二车间是装配车间。一车间生产的半成品需要验收入半成品库。二车间从半成品库领用,自制半成品发出时采用全月一次加权平均法计算发出半成品成本。一车间由于生产大、中、小三种不同规格的塑料外壳和塑料配件,成本计算采用分类法,按生产工艺过程将塑料外壳分为一类,塑料配件分为一类。完工产成品按综合结转分步法计算完工产成品成本,成本还原按照各产品所耗上步骤本月所产半成品成本构成进行。有关资料如下:

1. 各生产成本明细账的12月月初余额见表1.2.1.1。

表1.2.1.1　生产成本明细账的月初余额　　　　　　　　　　　　　单位:元

	原材料	辅助材料	自制半成品	瓶胆	职工薪酬	制造费用
塑料壳类	10 480				1 750	1 000
塑料配件类	5 000				1 000	500
塑料壳保温瓶(大号)		40	500	300		
塑料壳保温瓶(中号)		35	400	440		
塑料壳保温瓶(小号)		15	300	150		

2. 20×8年有关产品的计划产量。

塑料壳保温瓶(大号)、塑料壳保温瓶(中号)、塑料壳保温瓶(小号)本年的计划产量分别为213 000只、195 000只、240 000只。

二、企业新发生业务的资料

该企业20×8年12月发生了以下业务:

1. 收到中国工商银行转来的自来水公司和供电公司专用托收凭证,付水电费10 000元,本厂在支付水费时按固定比例进行分配,其中,塑料车间50%,装配车间20%,行政管理部门30%。

2. 根据设备管理科提供的"固定资产折旧计算表",计提本月折旧50 000元,其中,塑料车间为20 000元,装配车间为15 000元,行政管理部门为15 000元。

3. 摊销以前预付本月负担的财产保险费12 000元,其中,塑料车间为5 000元,装配车间为4 000元,行政管理部门为3 000元。

4. 本月材料发出情况见表 1.2.1.2。

表 1.2.1.2　材料发出汇总表

材料名称	计量单位	发出材料	
		用　　途	实际成本/元
一、塑料粒子	吨	生产成本——塑料车间（塑料壳）	142 000
		生产成本——塑料车间（塑料配件）	96 000
二、瓶胆类			
其中：大号	只	生产成本——装配车间（塑料壳瓶大号）	110 000
中号	只	生产成本——装配车间（塑料壳瓶中号）	80 000
小号	只	生产成本——装配车间（塑料壳瓶小号）	70 000
三、辅助材料			
其中：大号		生产成本——装配车间（塑料壳瓶大号）	4 000
中号		生产成本——装配车间（塑料壳瓶中号）	3 900
小号		生产成本——装配车间（塑料壳瓶小号）	4 100
四、周转材料			
其中：压力表	只	制造费用——装配车间	3 000
修边刀	把	制造费用——塑料车间	500
扳手	把	制造费用——装配车间	300

5. 企业本月应付的职工薪酬汇总表见表 1.2.1.3。

表 1.2.1.3　应付的职工薪酬汇总表

部　　门		应付职工薪酬/元
塑料车间	生产工人	88 000
	管理人员	54 000
	小计	142 000
装配车间	生产工人	66 000
	管理人员	25 000
	小计	91 000
行政管理人员		60 000
合　　计		293 000

6. 月末企业按产品定额工时分配结转各车间的制造费用。各车间产品定额工时资料如下：

塑料车间：塑料壳　　　　　　2 400 小时

　　　　　塑料配件　　　　　2 000 小时

装配车间：塑料壳保温瓶（大号）　1 100 小时

塑料壳保温瓶(中号)　　　　　　　1 000 小时
塑料壳保温瓶(小号)　　　　　　　1 200 小时

7. 月末计算结转本月塑料车间自制半成品的成本,塑料车间月末在产品加工程度已达 100%,尚未验收。塑料壳、塑料配件类成本的划分:"原材料"项目按标准产量比例分配,大、中、小号系数分别为 1.16、1、0.84;其他成本项目按产量比例分配。本月有关产量见表 1.2.1.4。

表 1.2.1.4　月末自制半成品

项　目	完工半成品	月末在产品
塑料壳		
其中:大号	24 950 只	1 350 只
中号	23 900 只	2 090 只
小号	17 800 只	1 800 只
塑料配件		
其中:大号	23 900 套	1 100 套
中号	22 900 套	1 300 套
小号	19 700 套	1 000 套

8. 月末采用全月一次加权平均法核算库存发出自制半成品成本。

塑料壳(大号)　　3.80 元/只　　　　塑料配件(大号)　　2.80 元/套
塑料壳(中号)　　3.46 元/只　　　　塑料配件(中号)　　2.50 元/套
塑料壳(小号)　　3.12 元/只　　　　塑料配件(小号)　　2.35 元/套

9. 月末计算并结转领用自制半成品的成本,本月自制半成品的领用情况如下:

塑料壳(大号)　　21 980 只　　　　塑料配件(大号)　　21 980 套
塑料壳(中号)　　19 980 只　　　　塑料配件(中号)　　19 980 套
塑料壳(小号)　　23 970 只　　　　塑料配件(小号)　　23 970 套

10. 月末计算并结转本月装配车间完工产品成本,装配车间月末在产品按定额成本计价,而且只计材料费用,不计其他费用。在产品定额成本见表 1.2.1.5。

表 1.2.1.5　塑料壳保温瓶期末在产品定额成本　　　　　　　　　　　　单位:元

成本项目	塑料壳保温瓶		
	大号	中号	小号
自制半成品	380	352	192
瓶胆	345	300	150
辅助材料	28	21	28

11. 企业月末完工产品产量如下:

塑料壳保温瓶(大号)　　　　　　　21 970 只
塑料壳保温瓶(中号)　　　　　　　19 920 只
塑料壳保温瓶(小号)　　　　　　　24 000 只

三、案例计算分析

(一) 案例计算

1. 根据有关资料,编制各有关费用分配表(见表 1.2.1.6~表 1.2.1.10)。

表 1.2.1.6　材料费用分配表

20×8 年 12 月　　　　　　　　　　　　　　　　　　　　金额单位:元

应借账户		成本或费用明细项目	间接计入			直接计入
			定额耗用量/千克	分配率	分配额	
塑料车间	塑料壳	原材料				
	塑料配件	原材料				
	小计					
装配车间	塑料壳大号	瓶胆				
	塑料壳中号	瓶胆				
	塑料壳小号	瓶胆				
	小计					
	塑料壳大号	辅助材料				
	塑料壳中号	辅助材料				
	塑料壳小号	辅助材料				
	小计					
制造费用	塑料车间	周转材料				
	装配车间	周转材料				
	小计					
合　计						

表 1.2.1.7　职工薪酬分配表

20×8 年 12 月　　　　　　　　　　　　　　　　　　　　金额单位:元

应借账户		成本或费用项目	定额工时	分配率	职工薪酬费用
塑料车间	塑料壳	职工薪酬			
	塑料配件	职工薪酬			
	小计				
装配车间	塑料保温瓶大号	职工薪酬			
	塑料保温瓶中号	职工薪酬			
	塑料保温瓶小号	职工薪酬			
	小计				

续表

应借账户		成本或费用项目	定额工时	分配率	职工薪酬费用
制造费用	塑料车间	职工薪酬			
	装配车间	职工薪酬			
	小计				
管理费用		职工薪酬			
合计					

表 1.2.1.8 水电费分配表

20×8 年 12 月 金额单位:元

应借账户		成本项目或费用项目	分配标准	分配金额
制造费用	塑料车间	水电费		
	装配车间	水电费		
管理费用		水电费		
合计				

表 1.2.1.9 固定资产折旧费用分配表

20×8 年 12 月 单位:元

项目	生产车间			行政管理	合计
	塑料车间	装配车间	小计		
折旧费					

表 1.2.1.10 财产保险费分配表

20×8 年 12 月 单位:元

项目	生产车间			行政管理	合计
	塑料车间	装配车间	小计		
财产保险费					

2. 根据有关资料和费用分配表登记塑料车间和装配车间的制造费用明细账(见表1.2.1.11、表 1.2.1.12)。

表 1.2.1.11 塑料车间制造费用明细账

20×8 年 12 月 单位:元

月	日	摘要	周转材料	职工薪酬	水电费	折旧费	保险费	其他	合计
12	31	据材料费用分配表							
	31	据职工薪酬分配表							

续表

月	日	摘要	周转材料	职工薪酬	水电费	折旧费	保险费	其他	合计
	31	据水电费分配表							
	31	据固定资产折旧费用分配表							
	31	据财产保险费分配表							
	31	制造费用分配转出							
	31	合计							

表 1.2.1.12　装配车间制造费用明细账

20×8 年 12 月　　　　　　　　　　　　　　　　　　　　　　　　　单位:元

月	日	摘要	周转材料	职工薪酬	水电费	折旧费	保险费	其他	合计
12	31	据材料费用分配表							
	31	据职工薪酬分配表							
	31	据水电费分配表							
	31	据固定资产折旧费用分配表							
	31	据财产保险费分配表							
	31	制造费用分配转出							
	31	合计							

3. 根据制造费用明细账的记录,编制塑料车间和装配车间制造费用分配表(见表 1.2.1.13、表1.2.1.14)。

表 1.2.1.13　塑料车间制造费用分配表

20×8 年 12 月　　　　　　　　　　　　　　　　　　　　　　　金额单位:元

项目	定额工时	制造费用	
		分配率	金额
塑料壳			
塑料配件			

表 1.2.1.14　装配车间制造费用分配表

20×8 年 12 月　　　　　　　　　　　　　　　　　　　　　　　金额单位:元

项目	定额工时	制造费用	
		分配率	金额
塑料壳保温瓶(大号)			
塑料壳保温瓶(中号)			

续表

项目	定额工时	制造费用	
		分配率	金额
塑料壳保温瓶(小号)			
合计			

4. 根据有关资料登记塑料车间的塑料壳类和塑料配件类产品成本计算表(见表1.2.1.15、表1.2.1.16)。

表 1.2.1.15　塑料壳类产品成本计算表

车间:塑料　　　　　　　　　　20×8年12月　　　　　　　　　　金额单位:元

项目	产量	系数	标准产量	原材料	职工薪酬	制造费用	单位成本
月初在产品							
本月生产费用							
累计							
分配率							
完工产品							
其中:大号							
中号							
小号							
月末在产品							

表 1.2.1.16　塑料配件类产品成本计算表

车间:塑料　　　　　　　　　　20×8年12月　　　　　　　　　　金额单位:元

项目	产量	系数	标准产量	原材料	职工薪酬	制造费用	单位成本
月初在产品							
本月生产费用							
累计							
分配率							
完工产品							
其中:大号							
中号							
小号							
月末在产品							

5. 根据有关资料登记装配车间各产品成本计算表(见表1.2.1.17~表1.2.1.19)。

表 1.2.1.17　产品成本计算表

车间:装配　　　　　　　　　　　20×8 年 12 月
产品:塑料壳保温瓶(大号)　　　　　　　　　　　　　　　　　　　　　金额单位:元

项目	自制半成品	瓶胆	辅助材料	职工薪酬	制造费用	总成本	单位成本
月初在产品							
本月生产费用							
累计							
分配率							
完工产品							
月末在产品							

表 1.2.1.18　产品成本计算表

车间:装配　　　　　　　　　　　20×8 年 12 月
产品:塑料壳保温瓶(中号)　　　　　　　　　　　　　　　　　　　　　金额单位:元

项目	自制半成品	瓶胆	辅助材料	职工薪酬	制造费用	总成本	单位成本
月初在产品							
本月生产费用							
累计							
分配率							
完工产品							
月末在产品							

表 1.2.1.19　产品成本计算表

车间:装配　　　　　　　　　　　20×8 年 12 月
产品:塑料壳保温瓶(小号)　　　　　　　　　　　　　　　　　　　　　金额单位:元

项目	自制半成品	瓶胆	辅助材料	职工薪酬	制造费用	总成本	单位成本
月初在产品							
本月生产费用							
累计							
分配率							
完工产品							
月末在产品							

(二)案例分析

1. 根据有关资料编制商品产品成本报表(表 1.2.1.20)。

补充材料:

(1)可比产品成本降低额　　　　元;

(2)可比产品成本降低率　　　　%;

(3)计划成本降低额　　　　元;

(4)计划成本降低率　　　　%。

2. 根据有关资料,利用连环替换法对可比产品成本计划的完成情况进行分析。

表1.2.1.20　商品产品成本表

20×8年12月

金额单位:元

产品名称	计量单位	实际产量		单位成本				本月总成本			本年累计总成本		
		本月	本年累计	上年实际平均	本年计划	本月实际	本年累计实际平均	按上年实际平均单位成本计算	按本年计划单位成本计算	本月实际	按上年实际平均单位成本计算	按本年计划单位成本计算	本年实际
		①	②	③	④	⑤=⑨/①	⑥=⑫/②	⑦=①×③	⑧=①×④	⑨	⑩=②×③	⑪=②×④	⑫
可比产品													
塑料壳保温瓶(大号)	只	21 970	219 700	14.00	13.5	13.54	13.55						
塑料壳保温瓶(中号)	只	19 920	199 200	12.10	12	11.95	12.00						
塑料壳保温瓶(小号)	只	24 000	240 000	10.00	10	10.30	10.20						
产品成本合计													

第二部分
实 训

实训一　分章练习

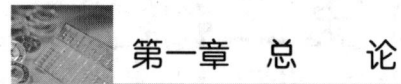
第一章　总　论

一、单项选择题

1. 下列不属于我国会计职业道德规范内容"诚实守信"基本要求的是（　　）。
   A. 严肃认真，一丝不苟
   B. 做老实人，说老实话，办老实事，不搞虚假
   C. 保密守信，不为利益所诱惑
   D. 执业谨慎，信誉至上

2. 产品成本是指为制造一定数量、一定种类的产品，而发生的以货币表现的（　　）。
   A. 物化劳动耗费　　　　　　　　B. 各种耗费
   C. 原材料耗费　　　　　　　　　D. 活劳动耗费

3. 成本这种资金耗费，是相对于（　　）而言的。
   A. 一定对象　　　　　　　　　　B. 一定时期
   C. 一个单位　　　　　　　　　　D. 一个企业

4. 成本分析一般在（　　）进行。
   A. 事前　　　　　　　　　　　　B. 事中
   C. 事后　　　　　　　　　　　　D. 事前、事中、事后

5. 按照马克思的成本理论，产品成本是产品价值中的（　　）部分。
   A. $C+M$　　　　　　　　　　　B. $C+V$
   C. $V+M$　　　　　　　　　　　D. $C+V+M$

6. 对生产经营过程中发生的费用进行归集和分配，计算出有关成本计算对象的实际总成本和单位成本，是（　　）。
   A. 成本会计　　　　　　　　　　B. 成本核算
   C. 成本预测　　　　　　　　　　D. 成本分析

7. 成本会计的对象是（　　）。
   A. 诸会计要素的增减变动
   B. 各项期间费用的支出及归集过程
   C. 产品生产成本的形成过程
   D. 各行业企业经营业务的成本和有关经营管理费用

二、多项选择题

1. 理论成本是指产品在生产过程中耗费的(　　　　)的货币表现。
   A. 物化劳动　　　　　　　　　B. 部分物化劳动
   C. 活劳动　　　　　　　　　　D. 部分活劳动
2. 下列各项中,属于成本会计职能的有(　　　　)。
   A. 成本预测　　　　　　B. 成本决策　　　　　C. 成本核算
   D. 成本计划　　　　　　E. 成本控制
3. 下列各项支出中,明确应计入产品成本的支出有(　　　　)。
   A. 折旧费用　　　　　　　　　B. 生产单位的折旧费用
   C. 生产工人的工资　　　　　　D. 生产工人的职工福利
4. 成本会计机构的设置,应考虑(　　　　)。
   A. 企业规模的大小　　　　　　B. 业务的多少
   C. 企业管理体制　　　　　　　D. 对外报告的要求
5. 期间费用是指(　　　　)。
   A. 产品销售费用　　　　　　　B. 人工费用
   C. 管理费用　　　　　　　　　D. 财务费用
6. 从财务管理学角度讲,成本主要有两种类型,即(　　　　)。
   A. 支出成本　　　　　　　　　B. 费用成本
   C. 机会成本　　　　　　　　　D. 管理成本
7. 成本信息的作用包括(　　　　)。
   A. 成本是制定和选择决策方案的重要依据
   B. 成本是业绩评价的重要依据
   C. 成本是投资的依据
   D. 成本是制定价格的依据

三、判断题

1. 产品成本是指企业在一定的时期内,为生产一定量产品而发生的各项生产费用。(　)
2. 成本是一种补偿价值,需要补偿的是一定期间内企业发生的全部支出额。(　)
3. 生产费用是以本期实际支出为标准,而产品成本则是以费用是否应归属于本期为标准。
   (　)
4. 企业本期发生的生产费用全部计入本期产品成本。(　)
5. 一般情况下,本期发生的生产费用与本期产品成本在量上基本相等。(　)
6. 产品成本应当包括生产和销售过程中发生的各种费用,产品成本也称为产品制造成本。
   (　)
7. 产品成本总是相对于一定成本计算对象而言的。(　)
8. 成本预测是成本决策的结果,正确的成本决策是进行成本预测的前提。(　)

9. 企业应当根据国家有关法令、法规,并结合实际情况来制定自己的成本会计工作制度或方法。( )

10. 实际成本有时与理论成本背离。( )

11. 在市场经济条件下,价格应由企业的生产成本加上确定的目标利润后求得。( )

12. 理论成本是指产品价值中的 $C+V$ 部分。( )

13. 根据美国管理会计师协会提出的管理会计师道德行为准则规定,会计人员在工作中所获取的保密信息,未经授权无论何种原因均禁止公开。( )

14. 产品成本是制定产品价格的依据,但产品的市场价格还要受产品供求关系的影响。( )

15. 随着经济和计算机技术的发展,以及管理要求的加强和管理水平的提高,成本管理越来越受到重视。( )

四、填空题

1. 成本是为了一定目的而_____的价值牺牲。

2. 资本性支出是_____。

3. 成本会计工作的组织形式有_____和_____两种方式。

4. 现代成本会计的职能包括_____、_____、_____、_____、_____、_____。

5. 支出是企业在经济活动中发生的一切开支与耗费。就一般而言,企业的支出可分为_____、_____、_____、_____、_____。

6. 生产费用是产品成本的基础,而产品成本则是_____的生产费用。

第二章　产品成本核算概述

一、单项选择题

1. ( )是保证成本会计工作质量的前提。
   A. 正确划分各种费用的界限　　　　B. 确定成本计算对象
   C. 做好成本核算的基础工作　　　　D. 确定成本项目
2. 生产经营费用按其经济用途可分为( )。
   A. 计入产品成本的生产费用和不计入产品成本的期间费用
   B. 直接计入费用和间接计入费用
   C. 直接费用和间接费用
   D. 基本计入费用和一般费用
3. 直接计入费用和间接计入费用都属于( )。
   A. 列作当期损益的期间费用　　　　B. 计入产品制造成本的费用
   C. 计入制造费用的费用　　　　　　D. 计入产品成本和期间费用的费用
4. 为核算企业进行各种产品、自制半成品等的生产所发生的各项费用,应设置( )账户。
   A. 基本生产成本　　　　　　　　　B. 辅助生产成本
   C. 生产成本　　　　　　　　　　　D. 产品成本
5. 产品成本项目由( )。
   A. 企业根据生产特点和管理要求自行确定
   B. 国家统一规定
   C. 财政部发布的规定确定
   D. 企业主管部门分别统一确定
6. 费用要素是指按其( )分类。
   A. 经济用途　　　　　　　　　　　B. 计入产品成本的方式
   C. 经济内容　　　　　　　　　　　D. 与生产工艺的关系
7. 将资本性支出、营业外支出等计入当期生产经营费用( )。
   A. 对企业损益没有影响
   B. 只影响产品成本,不影响期间费用
   C. 影响产品成本或期间费用,造成当期销售利润减少
   D. 影响产品成本和期间费用,造成当期销售利润增加
8. 生产费用中应当按照受益原则分配的费用是指( )。
   A. 直接计入费用　　　　　　　　　B. 固定费用
   C. 间接计入费用　　　　　　　　　D. 变动费用
9. 下列各项属于产品成本项目的是( )。
   A. 折旧费用　　　　　　　　　　　B. 外购燃料和动力

C. 直接人工　　　　　　　　　　　D. 期间费用

10. 下列不能计入产品成本的费用是(　　)。

A. 燃料和动力　　　　　　　　　　B. 生产工人薪酬

C. 车间管理人员薪酬　　　　　　　D. 期间费用

二、多项选择题

1. 在没有期初、期末在产品的情况下,需要正确划清(　　　　)的界限。

A. 生产费用与其他支出　　　　　　B. 本期费用与非本期费用

C. 生产费用与期间费用　　　　　　D. 各种产品费用

2. 为了正确计算产品成本,必须正确划分(　　　　)的界限。

A. 应计入产品成本和不应计入产品成本　　B. 完工产品成本和月末在产品成本

C. 各个会计期间的费用　　　　　　D. 各类产品的费用

3. 制造企业的产品成本项目一般包括(　　　　)。

A. 直接材料　　　　　　　　　　　B. 直接人工

C. 外购燃料　　　　　　　　　　　D. 制造费用

4. 要划清应计入本期成本和不应计入本期成本的费用界限,应遵循(　　　　)原则。

A. 会计分期　　　　　　　　　　　B. 权责发生制

C. 历史成本　　　　　　　　　　　D. 民主集中制

5. 下列应通过"递延资产"账户核算的项目有(　　　　)。

A. 企业开办费　　　　　　　　　　B. 租入固定资产改良支出

C. 摊销期限1年以上的固定资产修理费　　D. 预付下一年度保险费用

6. 工业企业成本核算的一般程序是(　　　　)。

A. 按成本开支范围审核各项费用是否计入产品成本

B. 将应计入本期产品成本的费用在各种产品间进行分配

C. 正确划分各种产品的销售成本

D. 将计入各种产品的本期生产费用连同期初在产品成本在本期完工产品和期末在产品之间进行纵向分配

7. "生产成本"账户,是用来核算企业生产的(　　　　)等所发生的各项生产费用。

A. 各项产品　　　　　　　　　　　B. 自制材料

C. 自制设备　　　　　　　　　　　D. 自制工具

8. (　　　　)是产品生产成本的构成内容。

A. 直接材料　　　　　　　　　　　B. 管理费用

C. 直接人工　　　　　　　　　　　D. 制造费用

9. (　　　　)的工资及职工福利应由产品成本负担。

A. 生产工人　　　　　　　　　　　B. 行政管理人员

C. 车间管理人员　　　　　　　　　D. 医务人员

三、判断题

1. 生产费用按经济内容划分为直接材料、直接人工和制造费用三个成本项目。（   ）
2. 在划分各种产品费用界限时，应注意划清本期产品与非本期产品的费用界限。（   ）
3. 选择完工产品与月末在产品费用分配方法，既要科学合理，又要简便易行。（   ）
4. 凡不应计入产品成本的支出，全部作为营业外支出处理。（   ）
5. 正确核算跨期摊提费用，有助于划分本期费用与非本期费用的界限。（   ）
6. 实际工作中，哪些费用应计入产品成本，哪些费用不应计入产品成本，由企业自行决定。（   ）
7. 生产费用按经济用途所做的分类，在会计上称为产品成本项目。（   ）
8. 资本性支出和营业外支出都不应计入生产经营费用。（   ）
9. 对应由本期产品成本负担，但尚未实际支出的费用，如企业不设置"预提费用"科目，可通过"应付利息""其他应付款"等流动负债科目处理。（   ）
10. 生产费用按其经济内容划分，称为费用要素。（   ）
11. 生产费用要素是一种原始形态的费用支出。（   ）
12. 生产费用按经济用途分类，便于为企业计算工业净产值和国家计算国民收入提供资料。（   ）
13. 生产费用按其经济用途划分，可分为三个成本项目。（   ）
14. "制造费用"账户，是用来核算和监督企业为管理和组织生产经营活动而发生的各项间接费用。（   ）
15. 企业支付给职工的工资，属于生产费用要素中工资项目的组成。（   ）

四、填空题

1. 计入产品成本的生产费用，按其经济用途，一般分为_____、_____和_____成本项目。
2. 按费用计入产品成本的方法划分，生产费用可以分为_____和_____两类。
3. 基本生产是指为完成企业_____而进行的产品生产。
4. 一般地说，若产品全部生产完工，则其发生的全部生产费用都要计入_____；若产品全部未完工，则其发生的全部生产费用就都应为_____；若本期既有完工产品又有期末在产品，这就需要采用一定的方法将为某种产品生产所发生的全部生产费用，在_____之间进行分配。
5. 按经济用途划分的各成本项目也不是固定不变的，需要单独核算废品损失和停工损失的，可以增设_____和_____项目。
6. 产品成本核算的基本程序是_____、_____、_____、_____、_____。
7. 产品成本核算的原则是_____、_____、

_____、_____。

8. _____是保证会计工作质量的前提。

9. 成本计算对象是指_____。

10. 成本计算期是指_____。

11. 产品成本计算期的确定,主要取决于_____。

第三章 产品成本构成要素的归集与分配

一、单项选择题

1. 在发出材料采用（　　）计价法时,可使发出材料的成本和期末存货的成本最接近实际。
   A. 先进先出　　　　　　　　　　B. 加权平均
   C. 个别计价　　　　　　　　　　D. 移动加权平均

2. 车间生产领用的一般性的工具、用具,应记入（　　）账户。
   A. 销售费用　　　　　　　　　　B. 基本生产成本
   C. 制造费用　　　　　　　　　　D. 管理费用

3. 基本生产车间直接用于产品生产、构成产品实体的原材料和主要材料,应通过（　　）成本项目反映。
   A. 原材料　　　　　　　　　　　B. 直接材料
   C. 外购材料　　　　　　　　　　D. 原料及主要材料

4. 企业车间因生产产品、提供劳务而发生的各项间接费用,包括工资、职工福利、折旧费等,属于（　　）成本项目。
   A. 管理费用　　　　　　　　　　B. 制造费用
   C. 直接人工　　　　　　　　　　D. 直接材料

5. 下列费用中,（　　）不应计入材料的采购成本。
   A. 运输费　　　　　　　　　　　B. 保险费
   C. 运输途中合理的损耗　　　　　D. 增值税

6. 核算企业尚未支付,但应由本期产品成本负担的费用,在企业设置"摊提"账户的情况下,应记入的账户是"（　　）"。
   A. 生产成本　　　　　　　　　　B. 制造费用
   C. 预提费用　　　　　　　　　　D. 待摊费用

7. 下列选项中,应计入产品成本中直接人工项目的有（　　）工资。
   A. 产品生产工人　　　　　　　　B. 车间管理工人
   C. 厂部管理工人　　　　　　　　D. 专职销售工人

8. 为了正确计算材料消耗,对于已领未用材料,应当填制（　　）办理退料手续。
   A. 领料单　　　　　　　　　　　B. 限额领料单
   C. 退料单　　　　　　　　　　　D. 领料登记表

9. 辅助生产费用的顺序分配法,基本要求是（　　）。
   A. 受益多的分配在前,受益少的分配在后
   B. 费用多的分配在前,费用少的分配在后
   C. 费用少的分配在前,费用多的分配在后
   D. 受益少的分配在前,受益多的分配在后

10. 将辅助生产车间的各项费用直接分配给辅助生产车间以外各受益单位,这种分配方法为( )。

A. 计划成本分配法 B. 直接分配法
C. 顺序分配法 D. 代数分配法

11. 采用计划成本分配法进行辅助生产费用的分配,辅助生产实际成本应根据辅助生产车间按计划成本分配前的费用( )计算。

A. 加上按计划成本分配转入的费用
B. 减去按计划成本分配转出的费用
C. 加上按计划成本分配转入的费用,减去按计划成本分配转出的费用
D. 直接

12. 辅助生产费用的一次交互分配法,交互分配是在( )分配。

A. 各受益单位间进行
B. 受益的各辅助生产车间之间
C. 辅助生产车间以外的受益单位之间
D. 受益的各基本生产车间之间

13. 辅助生产费用交互分配后的实际费用,再在( )分配。

A. 辅助生产车间以外的受益单位之间
B. 各受益单位之间
C. 各辅助生产单位之间
D. 受益的各基本生产车间进行

14. 辅助生产费用的各种分配法中,能分清内部经济责任,有利于实行厂内经济核算的是( )。

A. 直接分配法 B. 交互分配法
C. 顺序分配法 D. 计划成本分配法

15. 各辅助生产费用分配法中,以( )的结果最精确。

A. 直接分配法 B. 计划成本分配法
C. 一次交互分配法 D. 代数分配法

16. 辅助生产费用的归集、分配是通过( )账户进行的。

A. 辅助生产 B. 生产成本
C. 生产成本——辅助生产成本 D. 基本生产

17. 如果辅助生产车间规模不大,制造费用不多,为了简化核算工作,其制造费用可直接记入( )账户。

A. 制造费用 B. 辅助生产成本
C. 基本生产成本 D. 本年利润

18. 辅助生产费用分配采用计划成本分配法结算出的辅助生产成本差异,为简化核算一般可全部记入( )账户。

A. 辅助生产成本 B. 制造费用
C. 基本生产成本 D. 管理费用

19. 按照生产工时比例分配制造费用,要求( )。

A. 各种产品的机械化程度较高 B. 各种产品的机械化程度较低
C. 各种产品的机械化程度相差不大 D. 不考虑各种产品的机械化程度差异

20. 不可修复废品的成本,应借记"废品损失"账户,贷记"(　　)"账户。
    A. 产成品 B. 生产成本
    C. 制造费用 D. 原材料

21. 废品残料价值和应收赔偿款,应从"废品损失"账户(　　)转出。
    A. 借方 B. 贷方
    C. 余额 D. 视情况而定

22. 可修复废品在返修过程中所发生的修理用材料、工资、应负担的制造费用等扣除过失人赔偿后的净支出属于(　　)。
    A. 修复费用 B. 报废损失
    C. 废品 D. 停工损失

23. (　　)应记入"制造费用"账户。
    A. 非季节性停工损失 B. 劳动保险费
    C. 职工教育经费 D. 车间管理人员工资

24. 基本生产车间生产几种产品共同耗用的低值易耗品的摊销,应记入"(　　)"账户。
    A. 生产成本——基本生产成本 B. 生产成本——辅助生产成本
    C. 制造费用 D. 产品销售费用

二、多项选择题

1. 对于几种产品共同耗用的原材料,常用的分配方法有(　　)。
   A. 定额耗用量比例法 B. 定额费用比例法
   C. 定额工时法 D. 生产工人工资比例法

2. 下列应计入产品成本的"直接材料"成本项目的有(　　)。
   A. 用于制造产品并构成产品实体的原料及主要材料
   B. 车间设备耗用的机物料
   C. 制造产品耗用的不构成产品实体的辅助材料
   D. 制造产品耗用的燃料

3. 用来核算生产过程中发生的费用,计算产品制造成本的账户主要有"(　　)"。
   A. 生产成本 B. 主营业务成本
   C. 制造费用 D. 管理费用

4. 下列几个账户中,不属于"成本费用类"账户的是"(　　)"。
   A. 待摊费用 B. 财务费用
   C. 制造费用 D. 递延资产

5. 消耗材料实际价格的计算方法有(　　)。
   A. 先进先出法 B. 后进先出法
   C. 加权平均法 D. 个别计价法

6. 制造业的外购材料成本应包括(　　)。

A. 材料的买价 B. 购入材料的增值税
C. 保险费用 D. 运输途中的合理损耗

7. 某基本生产车间发生下列费用时,可作为制造费用的有( )。
A. 车间管理人员工资 B. 车间设备折旧费用
C. 车间机物料消耗 D. 车间原材料

8. 几种产品共同耗用的动力费用,常用的分配标准有( )。
A. 生产工时 B. 机器功率时数
C. 马力工时 D. 生产工人工资

9. 制造费用分配常用的方法有( )。
A. 产品售价比例法 B. 生产工人工资比例法
C. 机器工时比例法 D. 计划分配比例法
E. 计划分配率法

10. 几种产品共同发生的工资费用,常用的分配标准有( )。
A. 实际生产工时 B. 定额生产工时
C. 机器工时 D. 马力工时

11. 成本项目中的直接人工包括( )。
A. 直接生产工人工资 B. 应计入成本的原材料节约奖
C. 计件生产工人工资 D. 生产工人的职工福利

12. 计算不可修复废品的净损失,应考虑的因素有( )。
A. 不可修复废品的成本 B. 不可修复废品的修复费用
C. 回收废料价值 D. 过失人赔偿款

13. 成本核算中的损失性费用是指产品生产过程中所发生的各种损失费用,它包括( )。
A. 停工损失 B. 非常损失 C. 坏账损失
D. 废品损失 E. 在产品盘亏损失

14. 低值易耗品的摊销方法有( )。
A. 一次摊销法 B. 综合摊销法
C. 五五摊销法 D. 分次摊销法

15. 对外购动力的分配,应借记有关的"成本费用"账户,贷记"( )"账户。
A. 银行存款 B. 应付账款
C. 生产成本——基本生产成本 D. 生产成本——辅助生产成本

16. 下列属于应计入产品成本的废品损失的有( )。
A. 加工原因造成的废品损失 B. 原材料原因造成的废品损失
C. 入库后保管不当造成的废品损失 D. 降低出售的损失
E. "三包"损失

17. 辅助生产费用的分配方法,除了直接分配法外,通常还有( )。
A. 计划成本分配法 B. 一次交互分配法
C. 顺序分配法 D. 代数分配法

18. 辅助生产车间不设"制造费用"科目核算是因为( )。

A. 辅助生产车间规模小,发生制造费用较少
B. 辅助生产车间不生产产品
C. 为了简化核算工作
D. 没有必要

19. 可修复废品必须具备的条件有( )。
   A. 在技术上可以修复　　　　　　B. 在经济上合算
   C. 不管修复费用多少　　　　　　D. 只要修复后可以使用

20. 可修复废品的修复费用应包括修复废品的( )。
   A. 材料费用　　　　　　　　　　B. 工资费用
   C. 动力费用　　　　　　　　　　D. 销售费用

21. 计算不可修复废品的报废损失,应包括( )。
   A. 不可修复废品的成本　　　　　B. 废品的残值
   C. 废品的应收赔款　　　　　　　D. 废品的材料费用

三、判断题

1. 提供供电劳务的辅助生产部门发生的费用,在分配给各受益对象后,辅助生产成本明细账户应无余额。（ ）
2. 材料按计划成本核算的企业,计入产品成本的材料费用,也应按计划成本计算。（ ）
3. 辅助生产车间发生的制造费用,一般情况下,可以直接记入辅助生产车间的生产成本账户。（ ）
4. 辅助生产费用的交互分配法,是先进行辅助生产车间之间的交互分配,然后进行对外分配。（ ）
5. 跨期分配费用账户期末一般有余额。（ ）
6. 季节性生产企业的"制造费用"账户,期末没有余额。（ ）
7. 不单独核算废品损失的企业的可修复废品的损失,应直接计入相关的成本项目。（ ）
8. 企业无论在什么环节发现的废品,都应并入废品损失内核算。（ ）
9. "废品损失"账户期末一般没有余额。（ ）
10. 停工损失、季节性生产和大修理停工的损失列作制造费用计入产品成本,其他各种非正常停工的损失列作营业外支出。（ ）
11. 按计划成本分配法分配辅助生产费用时,其成本差异可记入"管理费用"账户。（ ）
12. 成本计算对象是指成本计算过程中归集、分配费用的对象。（ ）
13. 制造费用是车间范围内为组织和管理生产而发生的间接费用,其账户的余额表示期末尚未完工的各种在产品所负担的那部分间接费用。（ ）
14. 采用直接分配法分配辅助生产费用,既简单,又比较准确。（ ）
15. 需要分配计入产品成本的直接材料费用,一般应选用机器加工工时为标准进行分配。（ ）
16. 直接人工费用都是直接计入费用。（ ）
17. 辅助生产费用按代数分配法分配,其分配结果最为准确。（ ）

18. 采用计划分配率法分配制造费用,实际与预定计划分配额的差异,年终可调整记入"管理费用"账户。（ ）

19. 制造费用明细账户应当按照生产单位开设,辅助生产单位发生的制造费用,应当计入辅助生产成本,不包括在产品成本项目的"制造费用"项目中。（ ）

20. 废品损失,包括可修复废品的修复费用和不可修复废品的净损失。（ ）

四、填空题

1. 构成产品实体的原料及主要材料和有助于产品形成的辅助材料,能直接计入的应以"_____"成本项目直接计入产品成本。

2. 职工薪酬,是指企业为获得职工提供的服务而给予各种形式的报酬以及其他相关支出,包括企业为职工在职期间和离职后提供的全部_____以及提供给职工配偶、子女或其他被赡养人的职工福利等。

3. 废品损失包括可修复废品的_____和不可修复废品的_____。

4. 对于辅助生产车间发生的制造费用,若数额较大,可分别按辅助生产车间设置_____账户进行核算;若数额较小,可直接计入_____明细账目的有关费用项目。

5. 采用计划成本分配法分配辅助生产费用,若实际成本与计划成本之间的差额较小,为简化核算,可不再进行____,而将其差额全部借记_____账户。

6. 对于只生产一种产品或劳务的车间,制造费用是_____费用,不存在分配问题;对于生产多种产品或劳务的车间,制造费用是_____费用,应采用适当的方法,在_____之间进行分配。

7. 废品按能否修复分为_____和_____。

8. 可修复废品损失是指_____。

9. 如果不考虑辅助生产车间之间的交互服务,各辅助生产车间的实际成本直接在辅助生产车间以外的各受益部门分配,这种辅助生产费用的分配方法称为_____。

10. 为了单独核算停工损失,应专设_____账户。

五、业务核算题

1. 直接材料费用的分配。

[资料]某企业本月生产甲、乙两种产品,共耗用原材料10 000千克,每千克12元。本月投产量为:甲产品1 000件,乙产品2 000件;各种产品消耗定额为:甲产品6千克,乙产品5千克。

要求:按定额耗用量比例分配计算两种产品各自应负担的原材料费用。

2. 材料费用的分配。

[资料]某企业有一个基本生产车间,生产甲、乙两种产品,两个辅助生产车间为机修和供电车间,为基本生产车间和管理部门提供劳务。某月甲产品产量为 80 件,乙产品产量为 100 件,根据领料单汇总各单位领料情况见表 2.1.3.1。

表 2.1.3.1 领 料 汇 总

领料部门	金额/元
甲产品直接领料	7 000
乙产品直接领料	8 500
甲、乙产品共同领料	1 800
机修车间领料	500
供电车间领料	300
基本生产车间领料	200
管理部门领料	200

该企业日常收发材料采用实际成本核算,甲、乙两种产品共同耗用的材料按产品产量比例分配。

要求:根据资料编制材料费用分配表(格式见表 2.1.3.2),并做出有关的会计分录。

表 2.1.3.2 原材料费用分配表

应借账户	成本明细	间接计入			直接计入	合计
		产量	分配率	分配额		
生产成本	甲产品 乙产品					
生产成本	机修车间 供电车间					
制造费用	基本生产					
管理费用	管理部门					
合 计						

3. 直接人工费用的分配。

[资料]某企业本月生产甲、乙、丙三种产品,共发生产品生产工人工资 40 000 元,生产工人实际发放福利 5 600 元。本月实际生产工时 10 000 小时,其中甲产品 3 500 小时、乙产品 4 000 小时、丙产品 2 500 小时。

要求:按生产工时分配法计算三种产品各自应负担的直接人工费用。

4. 直接人工费用的分配。

[资料]某企业基本生产车间某月份生产甲产品 120 件,每件实际工时 60 小时,乙产品 250 件,每件实际工时为 40 小时,本月工资费用资料见表 2.1.3.3。

表 2.1.3.3　工资费用资料

部门	用途	金额/元
基本生产	生产工人薪酬	98 040
基本生产	管理人员薪酬	5 928
机修车间	生产工人薪酬	11 400
机修车间	管理人员薪酬	2 850
供电车间	生产工人薪酬	5 016
供电车间	管理人员薪酬	1 368
企业行政	管理人员薪酬	4 560
合　计		129 162

要求:根据上述资料,按生产工时比例分配法计算甲、乙两种产品负担的薪酬费用,编制职工薪酬费用分配表(见表 2.1.3.4),并做出有关的会计分录。

表 2.1.3.4　职工薪酬费用分配表

应借科目	明细	生产工时	分配率	工资	福利费	合计
生产成本	甲产品					
	乙产品					
生产成本	机修车间					
	供电车间					
管理费用						
制造费用	基本生产					
合　计						

5. 辅助生产费用的分配。

[资料]某企业设有供电和机修两个辅助生产车间,本月供电车间供电 88 000 千瓦时,其中机修车间用电 8 000 千瓦时,产品生产车间用电 60 000 千瓦时,基本生产车间照明用电 6 000 千瓦时,企业管理部门用电 14 000 千瓦时;本月机修车间修理总工时为 8 480 小时,其中供电车间 480 小时,基本生产车间 6 000 小时,企业管理部门 2 000 小时。根据辅助生产成本明细账,在交互分配前,供电车间待分配费用 29 120 元,机修车间待分配费用 26 880 元。

要求:

(1)按直接分配法分配辅助生产费用(见表 2.1.3.5),并编制有关的会计分录。

表 2.1.3.5 辅助生产费用分配表(直接分配法)

项目	分配电费		分配机修费	
	数量/千瓦时	金额/元	数量/小时	金额/元
待分配费用				
劳务供应总量				
费用分配率				
受益部门:				
产品生产车间				
车间管理部门				
厂部管理部门				
合　　计				

(2)按一次交互分配法分配辅助生产费用(见表 2.1.3.6),并编制有关的会计分录。

表 2.1.3.6　辅助生产费用分配表（一次交互分配法）

项目	交互分配				对外分配			
	分配电费		分配机修费		分配电费		分配机修费	
	数量	金额	数量	金额	数量	金额	数量	金额
待分配费用								
劳务供应总量								
费用分配率								
受益部门：								
供电车间								
机修车间								
产品生产车间								
车间管理部门								
厂部管理部门								
合　计								

表中：供电交互分配率＝

　　　机修交互分配率＝

　　　供电对外分配率＝

　　　机修对外分配率＝

6．辅助生产费用的分配。

［资料］某企业有供水、运输、机修三个辅助生产车间，本月各辅助生产车间发生的费用和耗用的劳务情况见表 2.1.3.7。

表 2.1.3.7　费用和耗用的劳务情况

项目		供水	运输	机修
待分配费用/元		5 000	3 000	2 000
提供劳务数量		10 000 吨	15 000 吨·千米	5 000 小时
计划分配率		0.52	0.23	0.48
耗用劳务	供水车间		1 000	300
	运输车间	600		400
	机修车间	1 400	800	
	甲产品	4 000	4 200	1 800
	乙产品	3 000	5 600	1 600
	基本生产车间一般耗用	500	1 400	500
	企业管理部门	500	2 000	400

要求：

（1）采用计划成本分配法分配辅助生产费用（见表 2.1.3.8），并编制会计分录（差异作为管理费用)。

表 2.1.3.8 辅助生产费用分配表(计划成本分配法)

摘要		供水车间		运输车间		机修车间		合计
		数量	金额	数量	金额	数量	金额	
劳务数量								
计划单位成本								
按计划成本分配	供水车间							
	运输车间							
	机修车间							
	甲产品							
	乙产品							
	制造费用							
	管理部门							
按计划成本合计								
原待分配费用								
分配转入								
实际费用合计								
差异额								

(2)采用代数分配法分配辅助生产费用(见表 2.1.3.9),并编制会计分录。

表 2.1.3.9 辅助生产费用分配表(代数分配法)

摘要	供水车间		运输车间		机修车间		合计
	数量	金额	数量	金额	数量	金额	
劳务数量和费用							
单位成本							
供水车间							
运输车间							
机修车间							

续表

摘要	供水车间		运输车间		机修车间		合计
	数量	金额	数量	金额	数量	金额	
甲产品							
乙产品							
制造费用							
管理部门							
合计							

（3）采用顺序分配法分配辅助生产费用（见表2.1.3.10），并编制会计分录。

表 2.1.3.10　辅助生产费用分配表（顺序分配法）

项目			直接费用	供水车间	运输车间	机修车间	合计
分配率							
生产成本	供水车间	数量					
		金额					
	运输车间	数量					
		金额					
	机修车间	数量					
		金额					
生产成本	甲产品	数量					
		金额					
	乙产品	数量					
		金额					
制造费用	基本生产	数量					
		金额					
管理费用	管理部门	数量					
		金额					
合计							

7. 制造费用的分配（按生产工时比例分配）。

［资料］某基本生产车间同时生产甲、乙两种产品。本期共发生制造费用6 000元，甲产品生产工人工时数为600小时，乙产品生产工人工时数为400小时。

要求：计算甲、乙产品各应负担的制造费用。

8. 制造费用的分配（按年度计划分配率法分配）。

［资料］某企业基本生产车间的生产费用资料见表2.1.3.11。

表2.1.3.11 生产费用资料

产品名称	年度预算产量/件	单位产品定额工时/小时	1月份实际产量/件
甲	3 000	5	400
乙	2 000	8	100

该年度制造费用预算为62 000元，1月份实际制造费用为5 400元，本年度实际费用为60 000元。

要求：

（1）根据上述资料，计算1月份甲、乙产品负担的制造费用。

（2）假定年末已分配制造费用60 500元（其中甲产品承担43 000元，乙产品承担17 500元），那么本年度的差异额中甲、乙产品各应负担多少？并做出差异额处理的会计分录。

9. 不可修复废品损失的核算。

[资料]某企业第一生产车间生产甲产品,原材料在生产开始时一次投入。本月份完工合格品 580 件,生产过程中发现不可修复废品 20 件,合格品和废品的全部生产工时为 29 500 工时,其中:废品生产工时为 500 工时。甲产品生产成本明细账上所列示的合格品和废品的全部生产费用为:直接材料 90 000 元,直接工资 16 225 元,制造费用 13 275 元,废品残料回收价值为 500 元。

要求:根据资料编制表 2.1.3.12"废品损失计算表"。直接材料费用按合格品产量和废品数量的比例分配,其他费用按生产工时比例分配。

表 2.1.3.12　废品损失计算表

产品:甲产品

车间：一车间　　　　　　　　20×8 年 8 月份　　　　　　　　金额单位:元

项　目	数量/件	直接材料	生产工时/小时	直接人工	制造费用	合计
费用总额						
分配率						
废品成本						
减:残值						
减:赔款						
废品损失						

10. 可修复废品修复费用和不可修复废品损失的核算。

[资料]:某企业 6 月份在生产过程中发现废品损失。有关业务如下:

(1) 该企业基本生产车间本月生产甲产品 3 000 台,其中合格品 2 850 台。不可修复废品 100 台,可修复废品 50 台。

(2) 该企业生产甲产品共发生工时 45 000 小时,其中不可修复废品工时为 1 500 小时。

(3) 本月生产甲产品发生原材料费用 12 000 元,工资职工福利 8 400 元,制造费用 5 600 元。

(4) 本月对可修复废品进行修理,发生材料费 680 元,工资职工福利 420 元,制造费用 400 元。

(5) 本月生产甲产品所需的原材料,系开始投产时一次投入。

(6) 不可修复废品 100 台的残值,估价 300 元已作为废料验收入库。

要求：

（1）计算 100 台不可修复废品的废品成本。

（2）计算 50 台可修复废品的修复费用。

（3）计算本月发生的废品损失（结果保留两位小数）。

第四章 在产品与产成品成本核算

一、单项选择题

1. 在产品成本按所耗直接材料费用计算的方法,适用于( )的情况。
   A. 各月末在产品数量不多   B. 各月末在产品数量较多
   C. 各月末在产品数量不稳   D. 直接材料在成本中所占比重较大

2. 原材料在生产开始时一次投入,月末在产品的投料程度应按( )计算。
   A. 100%   B. 50%
   C. 定额耗用量比例   D. 定额工时的比例

3. 由于各道工序内部在产品完工程序不同,有的已近完成,有的刚刚开始加工,为简化计算,对各工序内部在产品在本工序的加工过程可按( )计算。
   A. 50%   B. 100%
   C. 定额工时比例   D. 消耗定额比例

4. 在产品成本按定额成本法计算,适用于( )的情况。
   A. 定额管理水平较高,定额资料完整、准确、稳定
   B. 各月在产品数量变动不大
   C. 各月在产品数量变动较大
   D. 原材料费用在产品成本中所占比重较大

5. 计算月末在产品约当产量的依据是( )。
   A. 月末在产品数量   B. 本月完工产品数量
   C. 月末在产品数量和完工程度   D. 月末在产品定额成本和定额工时

6. 产品成本中原材料费用占有较大比重的企业,为了简化核算工作,在产品成本可按( )计算。
   A. 原材料费用   B. 定额成本
   C. 约当产量   D. 计划成本

7. 在编有完整定额资料的月末在产品数量比较稳定的企业里,在产品成本通常按( )计算。
   A. 定额成本   B. 定额比例
   C. 生产工时比例   D. 计划成本

8. 产品所耗原材料费用在生产开始时一次投入,其完工产品与月末在产品的原材料费用,应按完工产品和月末在产品( )的比例分配计算。
   A. 所耗原材料数量   B. 约当产量
   C. 数量之半   D. 数量

9. 在完工产品和在产品之间分配费用,采用不计算在产品成本法适用于( )的产品。
   A. 各月末在产品数量很少   B. 各月末在产品数量较大

C. 没有在产品　　　　　　　　　　　　D. 各月末在产品数量变化小

10. 假设某企业某产品工时定额为 40 小时,经两道工序组成,每道工序的工时定额分别为 30 小时和 10 小时,则第二道工序的完工程度为( )。
   A. 37.5%　　　　　　　　　　　　　B. 50%
   C. 87.5%　　　　　　　　　　　　　D. 90%

11. 假设某企业甲产品本月完工 250 件,月末在产品为 160 件,在产品完工程度测定为 40%,月初和本月发生的原材料费用共为 56 520 元,原材料随着加工进度陆续投入,则完工产品和月末在产品的原材料费用分别为( )。
   A. 45 000 元和 11 250 元　　　　　 B. 4 000 元和 16 250 元
   C. 34 298 元和 21 952 元　　　　　 D. 45 000 元和 11 520 元

12. 如果原材料随着加工进度陆续投入,则原材料费用应按( )比例分配。
   A. 数量　　　　　　　　　　　　　　B. 定额工时
   C. 约当产量　　　　　　　　　　　　D. 定额费用

13. 采用约当产量比例法,当各工序在产品数量和单位产品在各工序的加工量都相差不多的情况下,全部在产品完工程度可按( )平均计算。
   A. 80%　　　　　　　　　　　　　　B. 25%
   C. 50%　　　　　　　　　　　　　　D. 75%

14. 某产品在产品数量较小,或者数量虽大但各月之间在产品数量变化不大,月初、月末在产品成本的差额对完工产品成本的影响不大,为了简化核算工作,可采用( )。
   A. 不计算在产品成本的方法　　　　　B. 在产品按所耗的原材料费用计算
   C. 按年初数固定计算在产品成本　　　D. 定额比例法计算

15. 某种产品月末在产品数量较大,各月末在产品数量变化也较大,产品成本中原材料费用和工资等其他费用所占比重相差不多,应采用( )。
   A. 定额比例法计算　　　　　　　　　B. 约当产量法计算
   C. 固定成本计算　　　　　　　　　　D. 按在产品所耗原材料费用计算

二、多项选择题

1. 广义在产品包括( )。
   A. 正在各个车间加工中的在制品
   B. 已经完成一个或几个生产步骤,但还需继续加工的自制半成品
   C. 外部购入的半成品
   D. 已完工但尚未验收入库的产成品
   E. 等待返修的可修复废品

2. 在产品成本按年初在产品成本计算的方法,适用于( )的情况。
   A. 各月在产品数量较少
   B. 各月在产品数量较大
   C. 各月末在产品数量变化较大
   D. 各月末在产品数量较多,但各月数量比较均衡

3. 采用约当产量法计算月末在产品成本,在产品的约当产量应按(　　)计算。
   A. 投料程度　　　　　　　　B. 完工程度
   C. 预计废品率　　　　　　　D. 完工入库程度

4. 期末在产品成本的计算,应根据生产特点和成本管理的要求,采用(　　)等不同的方法进行计算。
   A. 交互分配法　　　　　　　B. 约当产量法
   C. 定额成本法　　　　　　　D. 定额比例法

5. 企业在产品成本的计算方法可按(　　)计算。
   A. 所耗原材料费用　　　　　B. 定额成本
   C. 定额耗用量比例　　　　　D. 约当产量

6. 计算本月完工产品成本时,要依据的成本资料主要有(　　)。
   A. 月初在产品成本　　　　　B. 本月发生生产费用
   C. 月末在产品成本　　　　　D. 上月完工产品成本

7. 材料投入形式主要有(　　)。
   A. 材料在生产开始时一次投入
   B. 材料在生产过程中陆续投入
   C. 材料在生产过程中分阶段批量投入
   D. 材料在供应过程中分别投入

三、判断题

1. 为了反映完工产品成本构成情况,分配生产费用时,应按成本项目分别计算。(　　)
2. 按定额比例法计算月末在产品成本,一般以原材料定额消耗量作为分配标准。(　　)
3. 在产品数量的日常核算,可以通过设置"在产品台账"来进行。(　　)
4. 任何企业都可采用定额成本法在完工产品与在产品之间分配生产费用。(　　)
5. 将在产品按其完工程度折合为完工产品的产量称为约当产量。(　　)
6. 广义的在产品,包括狭义的在产品和已经完成一个或多个生产步骤,但尚未最终完工需要继续加工的自制半成品。(　　)
7. 采用固定成本方法对在产品计价时,年内1至11月份本月发生的生产费用,等于本月完工产品成本。(　　)
8. 当月末既有完工产品,又有未完工产品,就必须将归集的生产费用任意选择一种方法在完工产品和月末在产品之间进行分配。(　　)
9. 某工序在产品的完工率为该工序累计的工时定额与完工产品工时定额的比率。(　　)
10. 原材料在生产过程中分次投入时,应当根据该工序在产品累计已投入的材料费用占完工产品应投入的材料费用的比重来计算在产品的投料程度。(　　)
11. 约当产量法适用于月末在产品数量大,各月末在产品数量变化也较大,其原材料费用在成本中所占比重较大的产品。(　　)
12. 由于完工程度不同,完工产品与月末在产品的各项加工费用均不能按照它们的数量比例来分配计算,而应按约当产量比例分配计算。(　　)

13. 采用定额比例法和定额成本法计算在产品成本,其计算结果应当是一致的。（ ）
14. 月末在产品接近完工时,月末在产品可按年初数计算。（ ）
15. 在产品只计算材料成本时,本月完工产品成本总是小于本月发生的生产费用。（ ）
16. 在产品约当产量是指期末在产品折合为完工产品的数量。（ ）
17. 采用约当产量法时,当各道工序的在产品数量和在产品加工量比较均衡时,全部在产品的平均完工程度可按50%计算。（ ）
18. 在月末计算产品成本时,如果某种产品已经全部完工,或者该产品全部没有完工,那么其产品成本明细账中归集的生产费用之和就不必在完工产品与月末在产品之间进行生产费用的分配。（ ）
19. 报废、毁损的产品的残值,一般直接冲减"生产成本"账户。（ ）
20. 采用在产品成本按年初固定数额计算的方法时,其基本特点是:年内各月的在产品成本都按年初在产品成本计算,永远不变。（ ）

四、填空题

1. 在产品数量的确定方式通常有两种:一是_____,二是_____。
2. 在产品成本按固定成本计价的方法,基本特点是:年内各月末在产品成本均按_____计算。年终时,根据在产品的_____重新确定年末在产品成本,并将其作为次年_____的依据。
3. 在产品成本按所耗直接材料费用计算时,月末在产品只负担_____,_____和_____则全部由完工产品成本负担。
4. 采用约当产量法分配生产费用的关键是正确计算约当产量,约当产量的正确与否主要取决于在产品_____和_____的确定。
5. 采用定额成本法计算月末在产品成本,在产品实际成本与定额成本之间的差异,全部由_____负担。
6. 本月完工产品成本＝月初在产品成本＋本月生产费用－_____。
7. 在产品已接近完工,只是尚未包装或未验收入库时,为了简化产品成本计算,在产品视同_____。

五、业务核算题

1. 在产品成本按直接材料成本计算。

[资料]某企业生产的甲产品,材料成本占产品成本比重较大,该企业采用只计算直接材料成本的方法计算在产品成本,材料在生产开始时一次投入,本月份月初在产品成本为52 000元,月初在产品数量为400件,本月投产800件,本月发生的生产费用为110 000元,其中直接材料为100 000元,直接人工4 000元,制造费用6 000元,月末完工产品1 000件,月末在产品为200件。

要求:按在产品所耗原材料成本计价法,计算月末在产品及完工产品成本(保留两位小数)。

2. 分工序计算在产品约当产量。

[资料]某企业生产的甲产品顺序经过第一、第二和第三道工序加工,原材料分次在各工序生产开始时一次投入,各工序在产品在本工序的加工程度均为50%。甲产品单位产品原材料消耗定额为2 000元,其中第一工序投入1 000元,第二工序投入600元,第三工序投入400元;单位产品工时定额为400小时,其中第一工序170小时,第二工序150小时,第三工序80小时。本月甲产品月末在产品为1 000件,其中第一工序420件,第二工序380件,第三工序200件。

要求:

(1) 计算甲产品月末在产品投料程度和约当产量,将计算结果填入表2.1.4.1。

表2.1.4.1　在产品投料程度及约当产量计算表

产品:甲产品　　　　　　　　　20×8年8月　　　　　　　　　实物计量单位:件

工序	单位产品投料定额	在产品的投料程度	月末盘存在产品数量	直接材料项目在产品约当量
一				
二				
三				
合计				

(2) 计算甲产品月末在产品加工程度和约当产量,将计算结果填入表2.1.4.2。

表2.1.4.2　在产品加工程度及约当产量计算表

产品:甲产品　　　　　　　　　20×8年8月　　　　　　　　　实物计量单位:件

工序	单位产品定额工时	在产品的加工程度	月末盘存在产品数量	直接人工和制造费用项目的在产品约当量
一				
二				
三				
合计				

3. 在产品成本的计算(约当产量法)。

[资料]某企业第一车间甲产品月初在产品成本为18 000元,其中直接材料10 000元,直接人工5 000元,制造费用3 000元。甲产品本月发生生产费用为97 350元,其中直接材料50 000元,直接人工30 325元,制造费用17 025元。本月完工入库甲产品200件,月末在产品50件。甲产品原材料在生产开始时一次投入,工资和其他费用的发展比较均衡,月末在产品加工程度为50%。

要求:采用约当产量法计算甲产品本月完工产品成本和月末在产品成本。将计算结果填入表 2.1.4.3。

表 2.1.4.3　产品成本计算单(约当产量法)

生产单位:第一车间　　　　　　　　20×8 年 9 月　　　　　　　　产品:甲产品

摘　　要	直接材料	直接人工	制造费用	合　　计
月初在产品成本				
本月发生生产费用				
生产费用合计				
完工产品数量				
在产品约当量				
生产总量				
费用分配率(单位成本)				
完工产品总成本				
月末在产品成本				

4. 在产品成本的计算(定额成本法)。

[资料]某企业生产丙产品,经过两道工序连续加工制成,原材料一次投入。其他的有关资料如下:

(1)各道工序的完工程度均按 60%计算,其定额工时及在产品数量见表 2.1.4.4。

表 2.1.4.4　定额工时及在产品数量表

工序	定额工时/小时	在产品数量/件
1	15	80
2	10	80
合计	25	160

(2)有关的产品单位定额资料见表 2.1.4.5。

表 2.1.4.5　产品单位定额表

直接材料定额成本/元	定额(工时计划分配率)	
	直接人工	制造费用
15	0.90	0.50

(3)丙产品生产成本明细账上归集的生产费用总额见表 2.1.4.6。

表 2.1.4.6　丙产品的生产费用总额表

项目	直接材料	直接人工	制造费用	合计
生产费用总额/元	16 000	4 250	10 480	30 730

要求：按定额成本法分配完工产品和在产品成本。

(1) 填写在产品定额工时计算表，格式见表 2.1.4.7。

表 2.1.4.7　在产品定额工时计算表

工序	在产品数量	工时定额	完工程度	在产品定额工时
1				
2				
合计				

(2) 填写月末在产品定额成本计算表，格式见表 2.1.4.8。

表 2.1.4.8　月末在产品定额成本计算表　　　　　　金额单位：元

项目	数量/件	直接材料	定额工时	直接人工	制造费用	合计
数量或定额						
计划费用率						
定额成本						

(3) 填制生产成本明细账，格式见表 2.1.4.9。

表 2.1.4.9　生产成本明细账

产品名称：丙产品　　　　　　20×8 年 9 月　　　　　　单位：元
完工数量：

摘要	成本项目			
	直接材料	直接人工	制造费用	合计
生产费用合计				
结转完工产品成本				
月末在产品成本				

5. 在产品成本的计算（定额比例法）。

[资料] 某企业本月生产甲产品的生产费用资料见表 2.1.4.10。

表 2.1.4.10　生产费用资料　　　　　　单位：元

摘要	直接材料	直接人工	制造费用
月初在产品成本	2 800	1 400	400
本月生产费用	16 400	7 000	2 400

续表

摘 要	直接材料	直接人工	制造费用
单位完工产品定额	50 kg	30 小时	
月末在产品定额	50 kg	20 小时	

本月完工甲产品 400 件,月末在产品 100 件。

要求:根据上述资料,采用定额比例法编制产品成本计算单,计算本月完工产品及月末在产品成本。(产品成本计算单见表 2.1.4.11)

表 2.1.4.11 产品成本计算单

产品:甲产品　　　　　　　　　20×8 年 9 月

摘 要	直接材料	直接人工	制造费用	合　计
月初在产品成本				
本月发生生产费用				
生产费用合计				
费用分配率				
完工产品总成本				
月末在产品成本				

第五章　产品成本计算方法概述

一、单项选择题

1. 工业企业按其生产工艺技术过程的特点,可以分为(　　)。
   A. 简单生产和单步骤生产　　　　B. 复杂生产和多步骤生产
   C. 单步骤生产和多步骤生产　　　D. 大量大批生产和单件小批生产
2. 企业生产类型的特点,对产品成本计算的影响,主要表现为(　　)。
   A. 企业的生产规模　　　　　　　B. 产品成本计算对象
   C. 材料费用的分配方法　　　　　D. 产品成本计算的日期
3. 产品成本计算的基本方法是(　　)。
   A. 直接法　　　　　　　　　　　B. 顺序法
   C. 代数法　　　　　　　　　　　D. 品种法
4. 下列方法中,不属于成本计算基本方法的有(　　)。
   A. 品种法　　　　　　　　　　　B. 分类法
   C. 分批法　　　　　　　　　　　D. 分步法
5. 成本计算的基本方法命名的依据是(　　)。
   A. 成本计算对象　　　　　　　　B. 成本计算期
   C. 生产周期　　　　　　　　　　D. 生产费用的分配方法
6. 划分产品成本计算方法的首要标志是(　　)。
   A. 成本计算期　　　　　　　　　B. 成本计算对象
   C. 产品的生产工艺过程　　　　　D. 生产组织
7. 管理上要求分步计算半成品成本时,应当采用(　　)。
   A. 分类法　　　　　　　　　　　B. 平行结转分步法
   C. 分批法　　　　　　　　　　　D. 逐步结转分步法
8. 下列成本计算方法中,成本计算期与生产周期一致的有(　　)。
   A. 品种法　　　　　　　　　　　B. 分批法
   C. 分类法　　　　　　　　　　　D. 分步法
9. 产品成本计算的辅助方法有(　　)。
   A. 分类法　　　　　　　　　　　B. 直接法
   C. 代数法　　　　　　　　　　　D. 顺序法
10. 工业企业的(　　)生产,是按照生产组织的特点划分的。
    A. 单步骤　　　　　　　　　　　B. 多步骤
    C. 复杂　　　　　　　　　　　　D. 大量

二、多项选择题

1. 下列成本计算法中,成本计算期与会计核算期间一致的是(　　　　)。
   A. 分批法　　　　　　　　B. 小批单件法
   C. 品种法　　　　　　　　D. 分步法
2. 下列企业中,适合运用品种法计算产品成本的有(　　　　)。
   A. 糖果厂　　　　　　　　B. 饼干厂
   C. 拖拉机厂　　　　　　　D. 造船厂
3. 工业企业的产品生产组织的特点是指(　　　　)。
   A. 生产车间的多少　　　　B. 产品产量的大小
   C. 生产的重复性　　　　　D. 品种的稳定程度
4. 多步骤生产按照产品加工方式的不同,可以分为(　　　　)。
   A. 简单生产　　　　　　　B. 连续式多步骤生产
   C. 复杂生产　　　　　　　D. 装配式多步骤生产
5. 企业生产类型按照产品的生产工艺过程特点,可分为(　　　　)。
   A. 大量生产　　　　B. 简单生产　　　　C. 成批生产
   D. 单件生产　　　　E. 复杂生产
6. 产品成本计算的辅助方法包括(　　　　)。
   A. 定额比例法　　　　　　B. 系数法
   C. 分类法　　　　　　　　D. 定额法
7. 确定成本计算对象的原则是(　　　　)。
   A. 符合企业生产的特点　　B. 满足企业成本管理的要求
   C. 与成本计算机构相一致　D. 与成本计算期相关联
8. 一种成本计算方法的构成要素有(　　　　)。
   A. 成本计算对象　　　　　B. 成本计算期
   C. 间接费用的分配方法　　D. 完工产品与在产品之间的费用分配
9. 品种法适用于(　　　　)。
   A. 大量生产　　　　B. 成批生产　　　　C. 单步骤生产
   D. 多步骤生产　　　　E. 管理上不要求分步计算成本的多步骤生产
10. 生产类型对成本计算方法的影响主要表现在(　　　　)。
    A. 成本计算对象的确定
    B. 成本计算期的确定
    C. 生产费用的归集及计入产品成本的程度
    D. 产品成本在产成品与在产品之间的划分
11. 下列企业中,属于多步骤生产的有(　　　　)。
    A. 纺织企业　　　　　　　B. 采掘企业
    C. 冶金企业　　　　　　　D. 造船企业
12. 产品成本计算的基本方法有(　　　　)。

A. 品种法 B. 分批法
C. 分步法 D. 分类法

三、判断题

1. 生产特点和管理要求对产品成本计算的影响主要表现在成本计算对象的确定上。（　）
2. 发电、采掘企业属于大量大批的多步骤生产。（　）
3. 单步骤生产是指工艺技术过程不能间断，或者不便于分散在不同地点进行的生产。（　）
4. 多步骤生产按产品加工方式的不同，可以分为连续式多步骤生产和装配式多步骤生产。（　）
5. 成本计算的基本方法都是以成本计算对象命名的。（　）
6. 品种法和分批法的成本计算期与产品生产周期一致。（　）
7. 品种法一般适用于大量大批多步骤生产的产品成本计算。（　）
8. 产品成本计算的辅助方法是指在成本管理方面作用不大的计算方法。（　）
9. 分类法和定额法必须结合成本计算的基本方法使用。（　）
10. 企业应当依据其生产特点和成本管理的要求来选择成本计算方法。（　）
11. 一个企业可以对不同的产品采用不同的成本计算方法。（　）
12. 成本计算对象是区分产品计算的基本方法的主要标志。（　）
13. 产品生产组织的特点是指生产的产品产量的大小、产品生产的重复性和产品品种的稳定程度。（　）
14. 成本管理的要求直接影响成本计算方法。（　）
15. 在一般情况下，品种法的成本计算期与会计核算期间是一致的。（　）
16. 产品成本计算的基本方法和辅助方法都可以根据企业的生产特点单独使用。（　）
17. 确定成本计算对象的原则是符合企业生产特点，满足成本管理的要求。（　）
18. 工业企业按其组织方式的不同分为大量生产、成批生产和单件生产。（　）
19. 企业可以以一种成本计算方法为主，结合其他成本计算方法加以综合应用。（　）
20. 单件生产是指根据需用单位的要求，生产个别的、特定的产品。这种生产，产品品种一般较多，而且很少重复生产。（　）

四、填空题

1. 工业企业的生产工艺技术过程可以分为_____和_____。
2. 工业企业的生产组织可以分为_____、_____和_____三种类型。
3. 一种成本计算方法区别于另一种成本计算方法的主要标志是_____。
4. 企业生产类型的特点，对于产品成本计算的影响，主要表现在_____、_____、_____以及_____等方面。
5. _____、_____、_____三种方法为产品成本计算的基本方法，其中_____是最基本的方法。
6. 基本成本计算方法是以_____命名的。

7. _____、_____等成本计算方法适用于单步骤生产和管理上不要求分步计算产品成本的多步骤生产。

8. 产品成本计算的辅助方法主要有_____和_____。

第六章 产品成本计算的品种法

一、单项选择题

1. 品种法的成本计算对象是( )。
A. 每个加工阶段的半成品及最后加工阶段的产成品
B. 各产品品种
C. 产品的批别
D. 各种产品的材料费用

2. 关于品种法下列说法正确的是( )。
A. 品种法是所有生产企业都采用的一种成本计算方法
B. 品种法是按月定期计算产品成本
C. 成本计算对象要根据管理要求确定
D. 会计报告期末一般没有在产品

3. 产品成本计算的品种法就是( )。
A. 简单法
B. 单一法
C. 按照产品品种计算产品成本的方法
D. 按照产品品种和生产步骤计算产品成本的方法

4. 品种法适用于( )单步骤生产。
A. 大量大批　　　　　　　　B. 大量成批
C. 大量　　　　　　　　　　D. 大批

5. 品种法下,企业如果生产两种或两种以上产品,则需要按照各产品的( )分别开设成本明细账。
A. 批别　　　　　　　　　　B. 品种
C. 类别　　　　　　　　　　D. 定额

二、多项选择题

1. 关于品种法,下列说法不正确的是( )。
A. 成本计算对象是产品的订单
B. 按生产部门开设产品成本明细账
C. 在月末一定有在产品
D. 成本计算期固定

2. 关于品种法,下列说法正确的有( )。
A. 在月末不需将生产费用在完工产品与在产品之间进行分配

B. 大批量生产一种或几种产品的企业一般采用品种法计算成本

C. 成本计算期与生产周期不一致

D. 品种法是成本计算方法中最基本的方法

3. 采用品种法在月末计算产品成本时,如果(　　　),也可以不计算在产品成本。

A. 没有在产品

B. 在产品数量很少,且成本数额不大

C. 在产品数量很少,但成本数额很大

D. 在产品数量很多,且成本数额很大

4. 采用品种法计算产品成本,需根据各种费用分配表登记(　　　)等。

A. 基本生产成本明细账

B. 产品成本明细账

C. 辅助生产成本明细账

D. 制造费用明细账

5. 采用品种法计算产品成本,如企业设置了"待摊费用"和"预提费用"账户核算的,需根据(　　　)编制"待摊费用和预提费用分配表"。

A. 待摊费用明细账

B. 预提费用明细账

C. 待摊费用明细账和预提费用明细账

D. 辅助生产成本明细账

三、判断题

1. 从生产工艺技术过程看,品种法只适用于简单生产。　　　　　　　　　　　(　)

2. 从成本计算对象和成本计算程序看,品种法是最基本的成本计算方法。　　(　)

3. 品种法的成本计算期与生产周期一致。　　　　　　　　　　　　　　　　(　)

4. 品种法不需要在各种产品之间分配费用,也不需要在完工产品和期末在产品之间分配费用,所以也称为"简单法"。　　　　　　　　　　　　　　　　　　　　　　　　　(　)

5. 品种法既不要求按照产品的批别计算成本,也不要求按照产品的生产步骤计算成本。　　　　　　　　　　　　　　　　　　　　　　　　　　　　　　　　　　　(　)

6. 品种法的成本计算对象是每件产品。　　　　　　　　　　　　　　　　　　(　)

7. 采用品种法计算产品成本时,企业如果只生产一种产品,只需要为这一种产品开设产品成本明细账即可。　　　　　　　　　　　　　　　　　　　　　　　　　　　(　)

8. 品种法的产品成本明细账内应按照产品的成本项目设立栏目。　　　　　　(　)

9. 品种法产品成本的计算一般都定期在每个月的月末进行。　　　　　　　　(　)

10. 采用品种法计算产品成本,月末如果没有在产品或在产品数量很少且在产品成本的数额不大,也可以不计算在产品成本。　　　　　　　　　　　　　　　　　　　(　)

四、填空题

1. 品种法是以_____作为成本计算对象,来归集生产费用,计算产品成本的方法。
2. 品种法主要适用于大量大批_____生产企业和管理上不要求分步计算成本的_____生产企业。
3. 采用品种法计算产品成本的企业,若本企业生产多种产品,则应按_____分别设置产品成本计算单。

五、业务核算题

[资料]中兴工厂二车间生产 A、B 两种产品,原材料都在开始生产时全部一次投料,成本计算采用品种法。共同耗用的甲原材料按定额消耗量比例进行分配;生产工人薪酬和制造费用按实际工时比例分配。20×8 年 10 月有关资料如下:

A 产品期初在产品成本:原材料 13 200 元,工资 4 600 元,制造费用 1 200 元。B 产品期初无在产品。

本月有关费用:甲材料的实际成本为 66 300 元,A 产品实际工时为 26 000 小时,B 产品实际生产工时为 16 000 小时,薪酬总额为 16 800 元,制造费用总额为 6 300 元。A 产品和 B 产品甲材料的消耗定额分别为 4 000 千克和 2 500 千克。

A 产品完工产品和在产品的费用分配,按产量和约当产量比例分配,本月完工 2 100 千克,期末在产品 1 500 千克(完工程度 60%),系一次投料逐步加工 B 产品完工产量 1 000 千克;无期末在产品。

要求:

(1) 编制原材料分配表,薪酬、制造费用分配表,见表 2.1.6.1 和表 2.1.6.2。

表 2.1.6.1　原材料分配表　　　　　　　　　金额单位:元

产品名称	甲原料定额消耗量/千克	甲原料	
		分配率	实际成本
合　计			

表 2.1.6.2　薪酬、制造费用分配表　　　　　　　　　金额单位:元

产品名称	实际工时	生产工人薪酬		制造费用	
		分配率	薪酬额	分配率	费用额
合　计					

（2）填写产品成本计算单，计算完工产品总成本。产品成本计算单见表 2.1.6.3 和表 2.1.6.4。

表 2.1.6.3　产品成本计算单

产品名称:A 产品　　　　　　　　20×8 年 10 月　　　　　　　完工产量:
在产品:

摘　　要	直接材料	直接人工	制造费用	合　计
期初在产品成本				
本期生产费用				
生产费用合计				
分配率				
完工产品成本				
在产品成本				

表 2.1.6.4　产品成本计算单

产品名称:B 产品　　　　　　　　20×8 年 10 月　　　　　　　完工产量:
在产品:

摘　　要	直接材料	直接人工	制造费用	合　计
期初在产品成本				
本期生产费用				
生产费用合计				
分配率				
完工产品成本				
在产品成本				

（3）编制产品入库的会计分录。

第七章 产品成本计算的分批法

一、单项选择题

1. 简化分批法与分批法的主要区别是(   )。
   A. 不分批计算完工产品成本   B. 不分批计算在产品成本
   C. 分批核算原材料费用   D. 不分配间接费用
2. 采用简化分批法,在产品完工之前,产品成本明细账(   )。
   A. 不登记任何费用   B. 只登记直接费用和生产工时
   C. 只登记原材料费用   D. 只登记间接费用,不登记直接费用
3. 在简化的分批法下,累计间接费用分配率(   )。
   A. 只是在各产品之间分配间接费用的依据
   B. 只是在各批在产品之间分配间接费用的依据
   C. 既是各批产品之间,也是完工产品和在产品之间分配间接费用的依据
   D. 只是完工产品与在产品之间分配间接费用的依据
4. 分批法适用于(   )。
   A. 小批生产   B. 大批生产
   C. 大量生产   D. 多步骤生产
5. 分批法一般是按照客户的订单来组织生产的,所以也叫(   )。
   A. 订单法   B. 系数法
   C. 分类法   D. 定额法

二、多项选择题

1. 采用分批法计算产品时,如果批内产品跨月陆续完工的情况不多,完工产品数量占全部批量的比重小,先完工的产品可以(   )从产品成本明细账中转出。
   A. 按计划单位成本计价   B. 按定额单位成本计价
   C. 按近期相同产品的实际单位成本计价 D. 按实际单位成本计价
2. 简化分批法适用范围的应用条件是(   )。
   A. 同一月份投产的产品批数很多   B. 月末完工产品批数较少
   C. 各月间接费用水平相差不多   D. 各月生产费用水平相差不多
3. 采用简化分批法,生产成本二级账登记(   )。
   A. 直接费用   B. 间接费用
   C. 生产工时   D. 期间费用
4. 分批法和品种法的主要区别是(   )。
   A. 成本计算对象不同   B. 成本计算期不同

C. 生产周期不同　　　　　　　　　D. 会计核算期不同
5. 采用简化分批法,各月(　　　　)。
A. 只计算完工产品成本
B. 只对完工产品分配间接费用
C. 不分批计算在产品成本
D. 不在完工产品与在产品之间分配费用
6. 采用简化分批法(　　　　)。
A. 必须设立生产成本二级账
B. 在产品完工之前,产品成本明细账只登记原材料费用和生产工时
C. 在生产成本二级账中只登记费用
D. 不分批计算在产品成本

三、判断题

1. 分批法的适用范围与品种法相同。　　　　　　　　　　　　　　　　　(　　)
2. 分批法应以产品的批次或订单、生产通知单作为成本计算对象,开立产品成本计算单。
　　　　　　　　　　　　　　　　　　　　　　　　　　　　　　　　　(　　)
3. 分批法一般不需要在完工产品和在产品之间分配生产费用,但一批产品跨月陆续完工时,也需要在完工产品和在产品之间分配生产费用。　　　　　　　　(　　)
4. 简化的分批法,是指既不需要在各批产品之间分配费用,又不需要在完工产品和在产品之间分配费用。　　　　　　　　　　　　　　　　　　　　　　　(　　)
5. 采用累计分配法,未完工产品不分配结转间接计入成本的费用。　　　(　　)
6. 各批产品间接计入成本的费用累计数,除以各批产品的累计工时数,称为累计分配率。它是计算已完工产品应负担的间接计入成本费用的依据。　　　　(　　)

四、填空题

1. 分批法是以_____作为成本计算对象来归集生产费用,计算产品成本的方法。
2. 分批法一般是在一批产品全部完工后才计算成本,因此成本计算时一般没有产品,生产费用不需要在_____和_____之间分配。
3. 在简化分批法下,每月发生的____费用,不按月在各批产品之间进行分配。

五、业务核算题

1. [资料]光明工厂按分批法计算产品成本,8月份的产品批号有:
#101　　　甲产品　　　100件　　　6月25日投产
#202　　　乙产品　　　80件　　　7月20日投产
#303　　　丙产品　　　300件　　　8月22日投产
各批产品的期初在产品成本,均已记录在各批产品的成本计算单上。本月发生的生产费用

见表2.1.7.1。

表2.1.7.1 生产费用   单位:元

产品批号及名称	原材料	燃料和动力	职工薪酬	制造费用	合计
#101 甲产品	2 460	315	690	435	3 900
#202 乙产品		180	720	600	1 500
#303 丙产品	3 600	270	480	150	4 500

该厂生产记录情况如下:

(1) 批号#101 甲产品在本月内已全部完工入库。

(2) 批号#202 乙产品本月全部尚未完工。

(3) 批号#303 丙产品本月内完工150件,因部分需要对外销售,本月完工的先行入库,故生产费用要在完工产品和在产品之间进行分配,月末在产品约当产量50件,原材料在生产开始时一次投入,按实际产量比例分配,其他费用按完工产品数量和在产品约当产量比例分配。

要求:根据上述资料:

(1) 计算#101 甲产品全部完工产品的总成本和单位成本,将计算结果记入表2.1.7.2。

表2.1.7.2 产品成本计算单

批号:#101   开工日期:6/25

产品:甲产品   批量:100件   完工日期:8/31

年		摘要	原材料	燃料和动力	职工薪酬	制造费用	合计
月	日						
6	30	6月份发生成本	12 000	480	540	480	13 500
7	31	7月份发生成本	540	600	540	420	2 100
8	31	本月生产费用					
		完工产品成本					
		完工产品单位成本					

(2) 计算#202 乙产品在产品成本,将计算结果记入表2.1.7.3。

表2.1.7.3 产品成本计算单

批号:#202   开工日期:7/20

产品:乙产品   批量:80件   完工日期:

年		摘要	原材料	燃料和动力	职工薪酬	制造费用	合计
月	日						
7	31	7月份发生成本	6 000	450	660	390	7 500
8	31	本月生产费用					
	31	合计					

(3) 计算#303丙产品本月完工产品的总成本、单位成本及期末在产品成本,将计算结果记入表2.1.7.4。

表2.1.7.4　产品成本计算单

批号:#303　　　　　　　　　　　　　　　　　　　　开工日期:8/22
产品:丙产品　　　　　　　　批量:300件　　　　　完工日期:

年		摘　要	原材料	燃料和动力	职工薪酬	制造费用	合计
月	日						
8	31	本月生产费用					
		分配率					
		在产品成本					
		完工产品成本					
		完工产品单位成本					

(4) 编制完工产品入库的会计分录。

2. 产品成本计算的简化分批法。

[资料]某企业成批生产多种产品,为简化核算,采用简化的分批法进行成本计算。6月份有关成本计算资料如下:

(1) 生产情况见表2.1.7.5。

表2.1.7.5　生产情况资料

批号	产品	批量	投产日期	完工日期
AB01	A产品	100	1月6日	6月20日
AB02	B产品	40	2月24日	6月25日
AB03	C产品	200	3月5日	未完工
AB04	D产品	20	4月22日	未完工
AB06	E产品	80	6月10日	未完工

(2) 月初在产品成本。

6月初在产品成本为1 340 000元,其中直接材料800 000元,(AB01批号400 000元,AB02

批号 160 000 元,AB03 批号 200 000 元,AB04 批号 40 000 元),直接人工 295 000 元,制造费用 245 000 元。月初累计生产工时为 100 000 小时,其中,AB01 批号 34 000 小时,AB02 批号 28 000 小时,AB03 批号 32 000 小时,AB04 批号 6 000 小时。

(3) 本月发生生产费用。

本月发生直接材料费 200 000 元,全部为 AB06 批次 E 产品所耗用,本月发生直接人工 84 200 元,制造费用 59 624 元,本月实际生产工时为 26 400 小时,其中 AB01 批号 6 000 小时,AB02 批号 4 000 小时,AB03 批号 7 000 小时,AB04 批号 5 000 小时,AB06 批号 4 400 小时。

要求:

(1) 开设基本生产成本二级账和按产品批次设置的产品成本计算单,并登记期初余额。基本生产成本二级账见表 2.1.7.6,产品成本计算单分别见表 2.1.7.7~表 2.1.7.11。

(2) 登记本月发生生产费用并按累计分配法在完工产品和在产品之间分配。

将计算过程和结果分别填入表 2.1.7.6~表 2.1.7.11。

表 2.1.7.6 基本生产成本二级账   金额单位:元

年		摘要	直接材料	生产工时	直接人工	制造费用	合计
月	日						
		在产品成本					
		材料费用					
		工资费用					
		制造费用					
		累计					
		分配率					
		转出完工产品					
		在产品成本					

表 2.1.7.7 产品成本计算单

产品名称:A 产品   投产日期:
批号:AB01   批量: 完工日期:

年		摘要	直接材料	生产工时	直接人工	制造费用	合计
月	日						
		在产品成本					
		本月生产费用					
		累计分配率					
		单位产成品成本					
		转出完工产品					

表 2.1.7.8　产品成本计算单

产品名称：B 产品　　　　　　　　　　　　　　　　　　　　投产日期：
批号：AB02　　　　批量：　　　　　　　　　　　　　　　　完工日期：

年		摘　要	直接材料	生产工时	直接人工	制造费用	合计
月	日						
		在产品成本					
		本月生产费用					
		累计分配率					
		单位产成品成本					
		转出完工产品					

表 2.1.7.9　产品成本计算单

产品名称：C 产品　　　　　　　　　　　　　　　　　　　　投产日期：
批号：AB03　　　　批量：　　　　　　　　　　　　　　　　完工日期：

年		摘　要	直接材料	生产工时	直接人工	制造费用	合计
月	日						
		累计余额					
		本月生产费用					
		本月止累计					

表 2.1.7.10　产品成本计算单

产品名称：D 产品　　　　　　　　　　　　　　　　　　　　投产日期：
批号：AB04　　　　批量：　　　　　　　　　　　　　　　　完工日期：

年		摘　要	直接材料	生产工时	直接人工	制造费用	合计
月	日						
		累计余额					
		本月生产费用					
		本月止累计					

表 2.1.7.11　产品成本计算单

产品名称：E 产品　　　　　　　　　　　　　　　　　　　　投产日期：
批号：AB06　　　　批量：　　　　　　　　　　　　　　　　完工日期：

年		摘　要	直接材料	生产工时	直接人工	制造费用	合计
月	日						
		本月生产费用					
		本月止累计					

(3) 编制完工产品成本汇总表,并结转完工产品成本。完工产品成本汇总表见表 2.1.7.12。

表 2.1.7.12　完工产品成本汇总表　　　　　单位:元

成本项目	A 产品(产量:100)		B 产品(产量:40)	
	总成本	单位成本	总成本	单位成本
直接材料				
直接人工				
制造费用				
合　计				

第八章 产品成本计算的分步法

一、单项选择题

1. 平行结转分步法中在产品的含义是指( )。
   A. 本步骤在制品   B. 最终产成品
   C. 狭义在产品   D. 广义在产品

2. 在一般情况下,下列企业中适合选择平行结转分步法的有( )。
   A. 纺织   B. 采掘
   C. 冶金   D. 重型机械制造

3. 下列企业中必须采用逐步结转分步法计算产品成本的有( )。
   A. 采掘企业   B. 有半成品对外销售的企业
   C. 发电厂   D. 单件小批生产企业

4. 在采用综合逐步结转分步法的情况下,下步骤耗用的上步骤半成品的成本应转入下步骤产品成本明细账中的( )。
   A. 直接材料项目   B. 直接人工项目
   C. 制造费用项目   D. 直接材料或自制半成品项目

5. 采用( )分步法,为反映原始成本项目,必须进行成本还原。
   A. 逐步综合结转   B. 逐步分项结转
   C. 逐步结转   D. 平行结转

6. 成本还原是将( )耗用各步骤半成品的综合成本,逐步分解还原为原始成本项目的成本。
   A. 广义在产品   B. 自制半成品
   C. 狭义在产品   D. 产成品

7. 分步法中,半成品已经转移,但成本不结转的成本结转方式是( )。
   A. 逐步结转   B. 平行结转
   C. 综合结转   D. 分项结转

8. 分步法中,必须进行成本还原的成本结转方式是( )。
   A. 逐步结转   B. 平行结转
   C. 综合结转   D. 分项结转

9. 采用逐步综合结转方式,当上一步骤完工的半成品全部转入下一步骤继续加工时,上一步骤成本计算单中的完工产品成本,与下一步骤成本计算单中自制半成品项目的本月发生额的关系是( )。
   A. 没有必然联系   B. 前者大于后者
   C. 两者必然相等   D. 后者大于前者

10. 产品成本计算的分步法是( )。

A. 分车间计算产品成本的方法
B. 计算各步骤半成品和最后步骤产品成本的方法
C. 按生产步骤计算产品成本的方法
D. 计算产品成本中各步骤"份额"的方法

11. 逐步结转分步法中在产品的含义是指（　　）。
   A. 自制半成品　　　　　　　　　　B. 广义在产品
   C. 狭义在产品　　　　　　　　　　D. 半成品和产成品

12. 分步法适用于（　　）。
   A. 大量大批生产　　　　　　　　　B. 单件生产
   C. 小批生产　　　　　　　　　　　D. 大量生产

13. 将上一步骤转入的半成品成本全部计入下一步骤成本计算单中的"自制半成品"成本项目，这种成本结转方式称为（　　）。
   A. 成本还原　　　　　　　　　　　B. 综合结转
   C. 分项结转　　　　　　　　　　　D. 平行汇总

14. 成本还原是指从（　　）一个生产步骤开始，将其耗用的上一步骤自制半成品的综合成本，按照上一步骤完工半成品的成本构成，还原成原始成本项目的成本。
   A. 最后　　　　　　　　　　　　　B. 最前
   C. 中间　　　　　　　　　　　　　D. 任意

二、多项选择题

1. 采用逐步结转分步法，按半成品成本在下一步骤成本计算单中反映方法的不同，可以分为（　　）。
   A. 平行结转　　　　　　　　　　　B. 综合结转
   C. 分项结转　　　　　　　　　　　D. 汇总结转

2. 企业成本核算的分步法可分为（　　）等几种方法。
   A. 逐步结转分步法　　　　　　　　B. 分项结转分步法
   C. 综合结转分步法　　　　　　　　D. 平行结转分步法

3. 逐步结转分步法的特点有（　　）。
   A. 计算各步骤半成品成本　　　　　B. 半成品成本随实物的转移而转移
   C. 在产品的含义是广义的在产品　　D. 在产品的含义是狭义的在产品

4. 平行结转分步法的特点有（　　）。
   A. 不计算各步骤半成品成本　　　　B. 半成品实物转移但成本不结转
   C. 在产品是指广义在产品　　　　　D. 需要进行成本还原

5. 采用分步法计算产品成本，月末要将归集的生产费用在完工产品与在产品之间进行分配，企业可采用的分配方法有（　　）。
   A. 约当产量法　　　　　　　　　　B. 生产工时比例法
   C. 定额成本法　　　　　　　　　　D. 定额比例法

6. 在一般情况下，采用逐步结转分步法计算产品成本的企业有（　　）。

A. 纺织厂 B. 造纸厂
C. 发电厂 D. 钢厂

7. 在一般情况下,下列企业中需要采用逐步结转分步法的有( )。
A. 有半成品对外销售的企业 B. 需要考核半成品成本的企业
C. 大量大批连续式多步骤生产企业 D. 大量大批装配式多步骤生产企业

8. 采用平行结转分步法计算产品成本,各生产步骤的月末在产品成本包括( )。
A. 本步骤月末在产品的成本
B. 已转入以后步骤尚未最终完工的半成品成本
C. 最终产成品成本
D. 上一步骤月末在产品成本

三、判断题

1. 采用逐步结转分步法,各生产步骤产品成本计算单上的月末余额,就是各生产步骤该产品实际结存的在产品成本,即狭义在产品成本。( )
2. 企业采用逐步结转分步法进行成本计算,为了反映原始成本项目,无论是综合结转,还是分项结转,月末必须进行成本还原。( )
3. 无论采用何种成本计算方法,月末都需将本月归集的生产费用在完工产品与在产品之间进行分配。( )
4. 综合结转法,是将各生产步骤耗用上一步骤的产品成本以"自制半成品"或"原材料"项目计入下一生产步骤产品成本计算单中的一种方法。( )
5. 综合结转法,适用于管理上要求计算和反映各生产步骤产品所耗上一生产步骤半成品综合成本的企业。( )
6. 成本还原,就是将各生产步骤停留在以后步骤的半成品综合成本项目,分解还原为原来的成本项目。( )
7. 成本还原是从最后一个生产步骤开始将产成品所耗半成品的综合成本,逐步从后往前还原,直到第一步骤为止。( )
8. 分项结转法适用于管理上不要求计算所耗半成品成本,要求按原始成本项目计算产品成本的企业。( )
9. 采用平行结转分步法时,产成品是指最后一个生产步骤的产品。( )
10. 平行结转分步法适用于大量大批多步骤装配式生产的企业。( )
11. 采用逐步分项法结转与逐步综合结转并进行成本还原的计算结果应是一致的,各成本项目的金额也是相等的。( )
12. 逐步结转分步法和平行结转分步法是分步法计算产品成本的两种具体方法,因此计算出来的产成品成本应该是相等的。( )
13. 采用逐步结转分步法,每月末各步骤成本计算单中归集的生产费用,应采用适当的方法在完工半成品与狭义在产品之间分配。( )
14. 采用平行结转分步法,每月末各步骤成本计算单中归集的生产费用,应选用适当的方法在完工产成品与在产品之间分配。( )

四、填空题

1. 分步法是以_____及其所经过的_____作为成本计算对象,来归集费用,计算产品成本的方法。
2. 分步法各生产步骤的成本计算和结转有两种方式,即_____和_____。
3. 采用逐步结转分步法,按照半成品成本在下一步骤成本计算单中反映方法的不同,分为_____和_____两种方式。
4. 采用逐步结转分步法,各步骤计算单中归集的费用,应在_____与_____之间进行分配。
5. 分项结转是将上一步骤转入的半成品成本_____计入下一步骤成本计算单中各对应的成本项目。

五、业务核算题

1. 产品成本计算的综合结转分步法。

[资料]某厂生产甲产品,分两个步骤分别在两个车间进行生产,采用综合结转分步法计算产品成本。第一车间为第二车间提供半成品甲,第二车间将半成品甲加工为产成品甲。半成品甲通过仓库收发(半成品成本用加权平均法计算)。

(1) 20×8年6月份第一车间和第二车间发生的生产费用(不包括所耗半成品的费用)见表2.1.8.1。

表 2.1.8.1　生产费用表　　　　　　　　　　　　　　　　　　　　单位:元

车间名称	原材料	职工薪酬	制造费用	合计
第一车间	12 500	7 000	12 300	31 800
第二车间		5 500	12 200	17 700

(2) 第一车间和第二车间的月初及月末在产品,均按定额成本计算,有关资料见表2.1.8.2、表2.1.8.3。

表 2.1.8.2　月初在产品定额成本　　　　　　　　　　　　　　　　单位:元

车间名称	原材料	半成品	职工薪酬	制造费用	合计
第一车间	3 800		2 000	4 600	10 400
第二车间		6 200	1 300	2 500	10 000

表 2.1.8.3　月末在产品定额成本　　　　　　　　　　　　　　　　单位:元

车间名称	原材料	半成品	职工薪酬	制造费用	合计
第一车间	3 420		1 800	4 140	9 360
第二车间		3 100	650	1 250	5 000

(3) 半成品仓库半成品甲月初余额 120 件，实际成本 8 080 元。本月份第一车间加工完成半成品甲 500 件送交半成品仓库。第二车间从半成品仓库领用半成品甲 550 件。本月完工入库产成品甲 400 件。

要求：

(1) 计算自制半成品甲和产成品甲的成本。计算过程和结果填入表 2.1.8.4、表 2.1.8.5 的产品成本计算单。

表 2.1.8.4　产品成本计算单

车间名称：一车间

半成品名称：半成品甲　　　　　　　　　　　　　　　　　　　完工产量：

摘　要	直接材料	直接人工	制造费用	合　计
月初在产品成本				
本月生产费用				
费用合计				
完工产品成本				
月末在产品成本				

表 2.1.8.5　产品成本计算单

车间名称：二车间

产品名称：产成品甲　　　　　　　　　　　　　　　　　　　　完工产量：

摘　要	自制半成品	直接人工	制造费用	合　计
月初在产品成本				
本月生产费用				
费用合计				
完工产品成本				
月末在产品成本				

(2) 登记半成品明细账，格式见表 2.1.8.6。

表 2.1.8.6　半成品明细分类账

名称：半成品甲　　　　　　　　　　　　　　　　　　　　　　金额单位：元

摘　要	收　入			发　出			结　存		
	数量	单价	金额	数量	单价	金额	数量	单价	金额
期初余额									
交库									
二车间用									

(3) 编制半成品入库、领用和产成品入库的会计分录。

(4) 进行成本还原。填制产品成本还原计算表(格式见表2.1.8.7),并编制成本还原的会计分录。

表 2.1.8.7 产品成本还原计算表

产品名称:产成品甲   金额单位:元
                                                                产量:400 件

项目	还原率	半成品	直接材料	直接人工	制造费用	合计
还原前产品成本						
本月所产半成品成本						
产成品成本中半成品的还原						
还原后产成品总成本						
产成品单位成本						

2. 产品成本计算的综合结转分步法。

[资料]某企业生产甲产品,该产品顺序经过第一、二、三加工步骤,第一步骤投入原材料后生产 A 半成品,交第二步骤生产 B 半成品,再交第三步骤加工成甲产成品,原材料在第一步骤开始生产时一次投入,各步骤的加工程度逐步发生,各步骤月末在产品的完工程度均为50%,该企业采用综合逐步结转分步法计算产品成本,自制半成品通过半成品库收发,发出自制半成品的计价采用加权平均法。该企业 20×8 年 4 月份有关成本计算资料见表 2.1.8.8~表 2.1.8.10。

(1) 产量资料:

表 2.1.8.8 产量资料   单位:件

项目	月初在产品	本月投入	本月完工	月末在产品
第一步骤	50	300	240	110
第二步骤	30	250	200	80
第三步骤	80	190	250	20

（2）期初在产品成本资料：

表 2.1.8.9 期初在产品成本资料　　　　　　　　　　　　　　单位:元

项　目	直接材料	自制半成品	直接人工	制造费用	合计
第一步骤	3 500		690	1 400	5 590
第二步骤		4 190	430	1 380	6 000
第三步骤		18 250	7 100	3 950	29 300
合计	3 500	22 440	8 220	6 730	40 890

（3）期初库存：A 半成品月初库存 60 件，实际成本为 8 700 元，B 产品月初无库存。

（4）本月生产费用：

表 2.1.8.10 本月生产费用　　　　　　　　　　　　　　　　单位:元

项　目	直接材料	直接人工	制造费用	合计
第一步骤	28 000	5 800	9 810	43 610
第二步骤		10 850	10 620	21 470
第三步骤		21 500	19 450	40 950
合计	28 000	38 150	39 880	106 030

要求：

（1）计算各步骤半成品成本和完工产品成本，将计算过程和结果填入表 2.1.8.11～表 2.1.8.13 的产品成本计算单。

表 2.1.8.11 产品成本计算单

车间名称:第一步骤
半成品名称:A 半成品　　　　　　　　　　　　　　　　　　　　完工产量:

摘　要	直接材料	直接人工	制造费用	合　计
月初在产品成本				
本月生产费用				
费用合计				
单位产品成本				
完工产品成本				
月末在产品成本				

表 2.1.8.12　产品成本计算单

车间名称：第二步骤
产品名称：B半成品　　　　　　　　　　　　　　　　　　　　　　　　　完工产量：

摘　要	自制半成品	直接人工	制造费用	合　计
月初在产品成本				
本月生产费用				
费用合计				
单位产品成本				
完工产品成本				
月末在产品成本				

表 2.1.8.13　产品成本计算单

车间名称：第三步骤
产品名称：产成品甲　　　　　　　　　　　　　　　　　　　　　　　　　完工产量：

摘　要	自制半成品	直接人工	制造费用	合　计
月初在产品成本				
本月生产费用				
费用合计				
单位产品成本				
完工产品成本				
月末在产品成本				

（2）登记A半成品的明细分类账，格式见表2.1.8.14。

表 2.1.8.14　半成品明细分类账

名称：A半成品　　　　　　　　　　　　　　　　　　　　　　　　　　　金额单位：元

摘　要	收入			发出			结存		
	数量	单价	金额	数量	单价	金额	数量	单价	金额
期初余额									
交库									
二车间领用									

（3）进行成本还原。将还原步骤和结果填入表2.1.8.15。

表2.1.8.15　产品成本还原计算表

金额单位:元

产品名称:甲产成品　　　　　　　　　　　　　　　　　　　　　　　　　　产量：

项　　目	半成品		直接材料	直接人工	制造费用	合计
	B	A				
还原前产品成本						
第一次还原						
第二次还原						
还原后产成品总成本						
产成品单位成本						

3. 产品成本计算的分项结转分步法。

[资料]某厂生产乙产品,分两个步骤连续加工。第一步骤生产半成品乙直接转入第二步骤继续加工。成本计算采用分项连续结转分步法。

20×8年3月份有关资料如下：

（1）第一步骤发生的生产费用：原材料15 010元,职工薪酬5 160元,制造费用5 780元。本月完工半成品乙375千克,月末在产品50千克,在产品原材料在生产开始时一次投入,完工程度50%。完工产品和月末在产品之间的费用,按产量和约当产量比例分配（月初在产品成本已列入成本计算单）。

（2）第二步骤发生的生产费用（不包括上步骤转入半成品成本）：职工薪酬4 200元,制造费用6 400元。在产品按定额成本计算（已列入成本计算单）。本月完工入库产成品乙数量400千克。

（3）其他有关资料见表2.1.8.16和表2.1.8.17。

表2.1.8.16　月初在产品成本　　　　　　　　　　　　　　　　　　　　　　　　单位:元

摘　　要	原材料	职工薪酬	制造费用	合计
第一步骤在产品成本	6 240	2 040	2 220	10 500
第二步骤在产品成本	6 325	2 035	2 340	10 700

表2.1.8.17　第二步骤月末在产品定额成本　　　　　　　　　　　　　　　　　　单位:元

摘　　要	原材料	职工薪酬	制造费用	合计
月末在产品	4 875	1 685	1 940	8 500

要求：

（1）计算第一步骤半成品乙成本。结果填入产品成本计算单,见表2.1.8.18。

表 2.1.8.18　产品成本计算单

车间名：第一步骤　　　　　　　　　　　　　　　　　　　　　完工产量：
产品名：半成品乙　　　　　　　　　　　　　　　　　　　　　在产品数量：

摘　　要	原材料	职工薪酬	制造费用	合计
月初在产品成本				
本月生产费用				
费用合计				
分配率				
完工产品成本				
月末在产品成本				

（2）计算第二步骤产成品乙的总成本和单位成本。结果填入产品成本计算单，格式见表 2.1.8.19。

表 2.1.8.19　产品成本计算单

车间名：第二步骤
产品名：产成品乙　　　　　　　　　　　　　　　　　　　　　完工产量：

摘　　要	原材料	职工薪酬	制造费用	合计
月初在产品定额成本				
本月生产费用				
上步骤转入半成品成本				
费用合计				
月末在产品定额成本				
完工产品成本				
单位成本				

4. 产品成本计算的平行结转分步法。

[资料]某厂设有三个生产步骤，第一步骤生产甲半成品，第二步骤将甲半成品加工成乙半成品，第三步骤将乙半成品加工成丙产成品。原材料在加工开始时一次投入。各加工步骤狭义在产品的加工程度均为 50%。20×8 年 8 月份有关产量和成本资料见表 2.1.8.20～表 2.1.8.22。

表 2.1.8.20　产量记录　　　　　　　　　　　　　　　　　　　　　　单位：件

项　　目	第一步骤	第二步骤	第三步骤
期初狭义在产品	80	60	20
本月投入	340	400	360
本月产出	400	360	300
月末狭义在产品	20	100	80

表 2.1.8.21　各步骤月初成本资料　　　　　　　　　　　　　　　　单位:元

步　骤	直接材料	直接人工	制造费用
第一步骤	1 250	755	2 090
第二步骤	—	826	620
第三步骤	—	1 565	928

表 2.1.8.22　本月成本资料　　　　　　　　　　　　　　　　　　单位:元

步　骤	直接材料	直接人工	制造费用
第一步骤	22 750	11 495	13 100
第二步骤	—	9 064	5 400
第三步骤	—	5 915	4 852

要求:

(1) 计算完工产品成本,并登记有关生产成本明细账。生产成本明细账以产品成本计算单形式替代,产品成本计算单格式见表 2.1.8.23~表 2.1.8.25,将计算过程和结果分别填入表中。

表 2.1.8.23　产品成本计算单

车间名:第一步骤
产品名:甲半成品

摘　　要	直接材料	直接人工	制造费用	合计
期初在产品				
本月生产费用				
生产费用合计				
总约当产量				
分配率				
计入产成品成本份额				
月末在产品成本				

表 2.1.8.24　产品成本计算单

车间名:第二步骤
产品名:乙半成品

摘　　要	直接材料	直接人工	制造费用	合计
期初在产品				
本月生产费用				
生产费用合计				
总约当产量				

续表

摘 要	直接材料	直接人工	制造费用	合计
分配率				
计入产成品成本份额				
月末在产品成本				

表 2.1.8.25　产品成本计算单

车间名:第三步骤

产品名:丙产成品

摘 要	直接材料	直接人工	制造费用	合计
期初在产品				
本月生产费用				
生产费用合计				
总约当产量				
分配率				
计入产成品成本份额				
月末在产品成本				

（2）编制产品成本汇总表,格式见表 2.1.8.26。

表 2.1.8.26　产品成本汇总表　　　　　　　　　　　　　　　　　单位:元

摘 要	直接材料	直接人工	制造费用	合计
第一步骤				
第二步骤				
第三步骤				
总成本				
单位成本				

5.产品成本计算的平行结转分步法。

[资料]某企业经过三个制造车间大量生产丙产品。原材料在第一车间一次投入,在生产过程中第二车间单位产品(半成品、在产品)耗用第一车间半成品2件,第三车间单位产品(在产

品、产成品)耗用第二车间半成品 2 件。该企业采用平行结转分步法计算产品成本,月末在产品成本按约当产量法计算,在产品完工程度均为 50%。该企业 20×8 年 8 月份有关资料见表2.1.8.27～表 2.1.8.29。

表 2.1.8.27　产量记录　　　　　　　　　　　　　　　　　　　单位:件

摘　　要	一车间	二车间	三车间
月初狭义在产品	40	100	80
本月投入或上步转入	560	500	300
本月完工	500	300	150
月末狭义在产品	100	50	80

表 2.1.8.28　月初广义在产品成本资料　　　　　　　　　　　　单位:元

车间	直接材料	直接人工	制造费用	合计
一车间	23 736	6 960	5 568	36 264
二车间		3 157	6 930	10 087
三车间		5 040	2 408	7 448

表 2.1.8.29　本月发生的生产费用　　　　　　　　　　　　　　单位:元

车间	直接材料	直接人工	制造费用	合计
一车间	332 304	97 440	77 952	507 696
二车间		15 785	34 650	50 435
三车间		15 120	7 224	22 344

要求:
(1) 计算完工产品成本,并登记产品成本计算单(如表 2.1.8.30～表 2.1.8.32 所示)。

表 2.1.8.30　产品成本计算单

车间名:一车间

摘　　要	直接材料	直接人工	制造费用	合计
期初在产品				
本月生产费用				
生产费用合计				
总约当产量				

续表

摘要	直接材料	直接人工	制造费用	合计
分配率				
计入产成品成本份额				
月末在产品成本				

表中：直接材料的约当总产量＝
　　　直接人工的约当总产量＝
　　　制造费用的约当总产量＝

表 2.1.8.31　产品成本计算单

车间名：二车间

摘要	直接材料	直接人工	制造费用	合计
期初在产品				
本月生产费用				
生产费用合计				
总约当产量				
分配率				
计入产成品成本份额				
月末在产品成本				

表中：直接人工及制造费用的约当总产量＝

表 2.1.8.32　产品成本计算单

车间名：三车间
产品名：丙产品

摘要	直接材料	直接人工	制造费用	合计
期初在产品				
本月生产费用				
生产费用合计				
总约当产量				
分配率				
计入产成品成本份额				
月末在产品成本				

表中：直接人工及制造费用总约当产量＝

（2）编制产品成本汇总表，如表 2.1.8.33 所示。

表 2.1.8.33　产品成本汇总表　　　　　　　　　　　　　　　单位：元

摘　　要	直接材料	直接人工	制造费用	合计
一车间				
二车间				
三车间				
总成本				
单位成本				

第九章 产品成本计算的分类法

一、单项选择题

1. 产品成本计算的辅助方法有（ ）。
   A. 品种法   B. 分步法
   C. 分类法   D. 分批法

2. 在产品品种、规格繁多，又可按一定要求和标准划分为若干类别的企业或车间，产品成本计算一般可以采用（ ）。
   A. 分批法   B. 分步法
   C. 分类法   D. 定额法

3. 企业利用同种原材料，在同一生产过程中同时生产出的几种地位相同的主要产品，称为（ ）。
   A. 半成品   B. 联产品
   C. 副产品   D. 等级品

4. 采用分类法的目的，在于（ ）。
   A. 分类计算产品成本   B. 简化各种产品成本的计算工作
   C. 简化各类产品成本的计算工作   D. 准确计算各种产品成本

5. 采用净实现价值分配法计算联产品成本，净实现价值等于产品销售价格减去（ ）。
   A. 该产品可归属成本   B. 该产品联合成本
   C. 补充联产品成本   D. 代用联产品成本

6. 企业在生产主要产品的过程中，附带生产出来的一些次要产品称为（ ）。
   A. 联产品   B. 等级品
   C. 副产品   D. 次品

7. 在分离后再发生的加工成本称为（ ）。
   A. 联合成本   B. 可归属成本
   C. 可分成本   D. 共同成本

二、多项选择题

1. 类内各种（规格）产品成本的分配采用系数分配法时，各种（规格）产品系数确定的依据有（ ）等。
   A. 产品定额耗用量   B. 产品定额成本
   C. 产品售价   D. 产品生产地点

2. 下列可采用分类法进行产品成本计算的有（ ）。
   A. 联产品   B. 等级产品   C. 标准产品

D. 产品品种规格繁多,但可按一定标准分类的产品

3. 采用分类法计算产品成本,一般可以将(　　　　)等方面相同或相似的产品归为一类。

A. 产品的结构、性质　　　　　　B. 产品耗用的原材料

C. 产品的生产工艺过程　　　　　D. 产品的销售和使用对象

4. 类内不同品种、规格之间费用分配的标准有(　　　　)等。

A. 定额耗用量　　　　　　　　　B. 定额成本

C. 产品售价　　　　　　　　　　D. 产品排列顺序

5. 采用分类法计算成本的优点有(　　　　)。

A. 可以简化成本计算工作

B. 可以分类掌握产品成本情况

C. 可以使类内的各种产品成本的计算结果更为准确

D. 便于成本日常控制

6. 联产品的成本是由(　　　　)之和组成的。

A. 联合成本　　　　　　　　　　B. 可归属成本

C. 制造成本　　　　　　　　　　D. 销售成本

7. 联产品联合成本的分配方法有(　　　　)等。

A. 系数分配法　　　　　　　　　B. 相对销售价值分配法

C. 实物量分配法　　　　　　　　D. 人工成本分配法

8. 对于分离后需要进一步加工的副产品,其成本计价的方法有(　　　　)。

A. 副产品只负担可归属成本

B. 副产品只负担共同成本

C. 副产品既负担可归属成本,也负担分离前的共同成本

D. 副产品不负担任何成本

三、判断题

1. 分类法与品种法、分批法或分步法一起构成基本的成本计算方法。　　　　(　　)
2. 分类法是以成本项目为成本计算对象,归集生产费用,计算产品成本的一种方法。(　　)
3. 类内各产品成本的分配,可按选定的分配标准将类内各种产品折合为系数。　(　　)
4. 分类法与生产类型有直接关系,因而可以在各种类型的企业应用。　　　　(　　)
5. 对于副产品,可以单独计算成本,可采用与品种法相似的方法计算成本。　(　　)
6. 工业企业在生产主要产品的过程中,附带生产出来的一些次要产品,称之为联产品。

(　　)
7. 等级高的产品售价高,增加了利润;等级低的产品售价低,则减少了利润。　(　　)
8. 联产品的成本计算,就是将分离点后联产品的联合成本在各类联产品之间进行分配。

(　　)
9. 各等级产品的成本原则上应该是相同的。　　　　　　　　　　　　　　(　　)
10. 用分类法计算成本,不仅能简化成本计算工作量,而且能在产品品种、规格繁多的情况下,分类掌握产品成本水平。　　　　　　　　　　　　　　　　　　　　(　　)

四、填空题

1. 分类法不是一种独立的成本计算方法,它必须与_____、_____、_____结合应用。
2. 采用系数法计算类内各种产品成本,系数确定后,应将各种产品实际产量按系数折算为_____。
3. 分类法是以_____为成本计算对象,按_____开立成本计算单,归集产品费用,并计算种类产品的成本。
4. 在分类法中,按系数分配同类产品内各种产品成本的方法称为_____。
5. 分离后的联产品有的可以____销售,有的可以经过____后再出售。
6. 在分离点前发生的成本称为____成本,在分离点后再发生的成本称为____成本。
7. 副产品的成本计算,就是要确定副产品应负担的____成本。
8. 等级品是指____相同,但____上有差别的产品。

五、业务核算题

1. 产品成本计算的分类法。

[资料]某企业生产的 A、B、C、D、E 五种产品耗用的原材料和产品的生产工艺过程比较接近,因而归为一类(甲类产品),采用分类法计算产品成本。6月份有关成本计算资料见表 2.1.9.1~表 2.1.9.3。

表 2.1.9.1　各种产品定额资料

产　　品	材料消耗定额/千克	工时消耗定额/小时
A	15	9.6
B	12	8.8
C	10	8
D	9	7.6
E	8	7.2

表 2.1.9.2　本月各产品的实际产量　　　　　　　　　　　单位:件

	A	B	C	D	E
产量	200	240	480	360	300

表 2.1.9.3　月初在产品成本和本月生产费用　　　　　　　单位:元

摘　　要	直接材料	直接人工	制造费用	合计
月初在产品成本	20 000	30 000	18 800	68 800
本月生产费用	146 880	383 040	255 360	785 280

要求：

（1）采用月末在产品成本按年初固定成本计算，计算本月完工产品成本。计算过程及结果填入表 2.1.9.4、表 2.1.9.5。

表 2.1.9.4　各种产品系数计算表　　　　　　　　　　　　金额单位：元

产品	本月实际产量	材料消耗定额	材料系数	材料总系数	工时消耗定额	工时系数	工时总系数
A							
B							
C							
D							
E							
合计							

表 2.1.9.5　甲类产品成本计算单

摘要	直接材料	直接人工	制造费用	合计
月初在产品成本				
本月生产费用				
合计				
完工产品总成本				
月末产品成本				

（2）采用系数分配法计算甲类产品内各种产品的成本，将计算过程和结果填入表 2.1.9.6。

表 2.1.9.6　甲类产品内各种产品成本计算表　　　　　　　金额单位：元

产品	实际产量	总系数		总成本				单位成本
		直接材料	加工费用	直接材料	直接人工	制造费用	成本合计	
A								
B								
C								
D								
E								
合计								

2. 联产品成本的计算。

[资料]503 工厂生产联产品 A、B、C 三种主要产品。本月实际产量,A 产品 40 000 千克,B 产品 20 000 千克,C 产品 15 000 千克。各产品单位售价,A 产品 15 元,B 产品 24 元,C 产品 12 元,分离前联合成本为 1 008 000 元。

要求：

(1) 按系数分配法计算各种产品的成本(以 A 产品的单位售价为标准)。计算过程与结果填入表 2.1.9.7。

表 2.1.9.7　联产品成本计算表

（系数分配法）　　　　　　　　　　　　　　　金额单位:元

产品名称	实际产量/千克	系数	标准产量	平均单位成本	应分摊成本	单位成本
A						
B						
C						
合计						

(2) 按实物量分配法计算各种产品的成本。计算过程与结果填入表 2.1.9.8。

表 2.1.9.8　联产品成本计算表

（实物量分配法）

产品名称	实际产量/千克	占总产量比重/%	应分摊成本/元	单位成本/元
A				
B				
C				
合计				

(3) 按相对售价分配法计算各种产品成本。计算过程与结果填入表 2.1.9.9。

表 2.1.9.9　联产品成本计算表

（相对售价分配法）　　　　　　　　　　　　　金额单位:元

产品名称	产量/千克	单价	销售总价	比例/%	应分摊成本	单位成本
A						
B						
C						
合计						

3. 副产品成本的计算。

[资料]某企业在生产 A 产品的同时,附带生产出丁副产品,丁副产品分离后需进一步加工后才能出售。本月共发生联合成本 155 000 元,其中直接材料占 50%,直接人工占 20%,制造费用占 30%。丁副产品进一步加工发生直接人工费用 2 000 元,制造费用 2 500 元。本月生产 A

产品1 000千克,丁副产品2 000千克,丁副产品单位售价为12元,单位税金和利润合计为2元。

要求:按副产品既负担可归属成本,又负担分离前联合成本的方法计算丁副产品成本。计算过程与结果填入表2.1.9.10。

表 2.1.9.10　副产品成本计算单

产品:丁产品　　　　　　　　　　20×8 年 9 月　　　　　　　　　　产量:

成本项目	分摊的联合成本	可归属成本	副产品总成本
直接材料			
直接人工			
制造费用			
合　　计			

表中:副产品分摊的联合成本＝

第十章　产品成本计算的定额法

一、单项选择题

1. 产品生产过程中各项实际生产费用脱离定额的差异,称为( )。
   A. 定额成本　　　　　　　　B. 脱离定额差异
   C. 材料成本差异　　　　　　D. 定额变动差异
2. 定额变动差异是指修复定额以后的,原定额成本与新的定额成本之间的差异,只有( )存在定额变动差异。
   A. 月初在产品　　　　　　　B. 月末在产品
   C. 本月投入产品　　　　　　D. 本月完工产品
3. 在采用定额法下,为了有利于分析和考核材料消耗定额的执行情况,日常材料的核算都是按( )进行的。
   A. 计划成本　　　　　　　　B. 实际成本
   C. 定额成本　　　　　　　　D. 标准成本
4. 直接材料脱离定额差异是( )。
   A. 数量差异　　　　　　　　B. 一种定额变动差异
   C. 价格差异　　　　　　　　D. 原材料成本差异
5. 成本计算定额法的适用范围( )。
   A. 与产品的生产类型直接相关　B. 与产品的生产类型无关
   C. 与成本管理制度的健全与否无关　D. 与产品的定额成本无关
6. ( )的脱离定额差异与制造费用的脱离定额差异,二者的计算方法基本相同。
   A. 直接材料　　　　　　　　B. 计件形式生产工人工资
   C. 自制半成品　　　　　　　D. 计时形式生产工人工资

二、多项选择题

1. 产品成本计算的辅助方法有( )。
   A. 品种法　　　　　　　　　B. 分步法
   C. 分类法　　　　　　　　　D. 定额法
2. 采用定额法计算产品成本,产品的实际成本由( )等组成。
   A. 定额成本　　　　　　　　B. 脱离定额差异
   C. 材料成本差异　　　　　　D. 定额变动差异
3. 定额法的主要优点有( )。
   A. 有利于加强成本控制,对成本定期进行分析
   B. 有利于提高成本的定额管理和计划管理水平

C. 有利于在完工产品和月末在产品之间进行费用分配
D. 成本计算工作量比较小

4. 采用定额法计算产品成本的企业应具备(　　　)条件。
A. 定额管理制度比较健全
B. 对定额管理制度的建立健全没有严格要求
C. 各月在产品数量变化比较大
D. 制定的各项消耗定额比较准确且能保持稳定

5. 定额法是以预先制定的产品定额成本为标准,根据(　　　)计算产品成本的一种方法。
A. 定额成本　　　　　　　B. 计划成本
C. 定额差异额　　　　　　D. 定额差异率

三、判断题

1. 定额法是一种单纯计算产品实际成本的成本计算方法。（　）
2. 定额法采用的定额成本,不应该是长期或者几年不变的定额成本。（　）
3. 定额成本包括的成本项目应该与实际成本包括的成本项目完全一致。（　）
4. 定额变动差异是定额本身变动的结果,它与生产费用支出的节约和浪费无关。（　）
5. 材料脱离定额差异是指按实际价格计算的材料实际成本和按计划价格计算的材料定额成本之间的差异。（　）
6. 定额法是为了加强成本控制而采用的一种成本核算的独立方法。（　）
7. 定额法与产品的生产类型没有直接联系,所以任何企业均可使用定额法。（　）
8. 如果月初定额变动差异为正数,说明定额提高了。（　）

四、填空题

1. 脱离定额的差异是指产品生产过程中_____脱离_____的差异。
2. 采用定额法计算产品成本时,其实际成本等于_____。
3. 定额法下,产品成本明细账中的月初在产品定额成本调整和月初在产品定额变动差异,两者金额____,符号____。
4. 定额法下,生产中发生的定额损失和停工损失通常作为_____处理。
5. 定额法通过_____的事先制定,_____的事中揭示和事后分析来达到加强成本管理的目的。
6. 在定额法下,退料单是一种____凭证。
7. 原材料脱离定额差异的核算方法有_____、_____、_____三种。
8. 在定额法下,原材料脱离定额差异是_____,材料成本差异是_____。

五、业务核算题

[资料]福东公司大批量生产甲产品,该产品各项消耗定额比较准确、稳定,采用定额计算产品成本,公司规定,该产品的定额变动差异和材料成本差异由完工产品成本负担,脱离定额差异

成本按比例在完工产品与月末在产品之间进行分配。脱离定额差异资料如下:

(1) 甲产品定额成本及脱离定额差异资料见表2.1.10.1。

表2.1.10.1 定额成本及脱离定额差异资料　　　　　　　　　　　　单位:元

成本项目		直接材料	直接人工	制造费用	合计
月初在产品成本	定额成本	10 000	2 000	6 000	18 000
	定额差异	-785	+140	-900	-1 545
本月生产费用	定额成本	50 000	8 500	31 000	89 500
	定额差异	-1 000	+700	+1 640	+1 340

(2) 福东公司甲产品8月份消耗A原材料,成本差异率为节约2%。

(3) 甲产品从本月1日起实行新的材料消耗定额,单位产品旧的材料费用定额为40元,新的材料费用定额为38元,该产品月初在产品按旧定额计算的材料定额费用为10 000元。

(4) 甲产品本月份完工200件,在产品100件。定额成本资料见表2.1.10.2。

表2.1.10.2 产成品定额成本资料　　　　　　　　　　　　单位:元

成本项目	直接材料	直接人工	制造费用	合计
单位产品定额成本	275	47.25	171	493.25

要求:

计算本月甲产品成本和在产品成本,计算结果填入表2.1.10.3的基本生产成本明细账。

表2.1.10.3 基本生产成本明细账　　　　　　　　　　　　金额单位:元

完工产量:

产品名称:甲产品　　　　　　　　　　　　　　　　　　　　　在产品数量:

项目		行次	直接材料	直接人工	制造费用	合计
月初在产品	定额成本	1				
	脱离定额差异	2				
月初在产品定额变动	定额成本调整	3				
	定额变动差异	4				
本月生产费用	定额成本	5				
	脱离定额差异	6				
	材料成本差异	7				
生产成本合计	定额成本	8				
	脱离定额差异	9				
	材料成本差异	10				
	定额变动差异	11				

续表

项目		行次	直接材料	直接人工	制造费用	合计
脱离定额差异分配率		12				
产成品成本	定额成本	13				
	脱离定额差异	14				
	材料成本差异	15				
	定额变动差异	16				
	实际成本	17				
月末在产品成本	定额成本	18				
	脱离定额差异	19				

第十一章 成本报表

一、单项选择题

1. 成本报表是向企业经营管理者提供成本信息,以进行成本分析和成本决策的( )会计报表。
   A. 外部管理   B. 内部管理
   C. 年度   D. 静态

2. 本年实际产量按上年实际平均单位成本计算的生产总成本,减去本年累计实际总成本,等于( )。
   A. 计划成本降低额   B. 实际成本降低额
   C. 实际成本降低率   D. 没有经济意义

3. 商品产品成本报表可以考核( )。
   A. 全部商品成本和各种主要商品产品成本计划的执行结果
   B. 制造费用、企业管理费用计划的执行结果
   C. 主要产品单位成本计划的执行结果
   D. 主要产品技术经济指标执行情况

4. 下列报表中,不列入成本报表体系的有( )。
   A. 制造费用预算执行情况表   B. 生产情况表
   C. 考勤情况表   D. 在产品成本明细表

5. 成本报表是服务于企业内部经营管理目的的报表。它( )。
   A. 受外界的影响   B. 不受外界的影响
   C. 有时受、有时不受外界因素的影响   D. 与外界因素有关系

二、多项选择题

1. 成本报表设置的要求是( )。
   A. 报表的专题性   B. 主要产品单位成本表
   C. 报表格式的针对性   D. 编报的及时性

2. 成本报表按反映成本计划执行情况分( )。
   A. 商品产品成本报表   B. 主要产品单位成本表
   C. 制造费用明细表   D. 管理费用明细表

3. 成本报表内容的编制要求是( )。
   A. 数字准确   B. 内容完整
   C. 编报及时   D. 一致性

4. 主要产品成本报表反映的指标有( )。

A. 历史先进水平　　　　　　　B. 上年实际平均
C. 本年计划　　　　　　　　　D. 本月实际
E. 本年累计实际
5. 制造费用明细表是按费用项目反映企业一定时期内的制造费用,表中的栏目指标有（　　　）。
A. 本年计划　　　　　　　　　B. 上年实际
C. 本年实际　　　　　　　　　D. 上年累计

三、判断题

1. 按照惯例成本报表不对外报送与公开。　　　　　　　　　　　　　　　（　）
2. 成本报表只能定期进行编制。　　　　　　　　　　　　　　　　　　　（　）
3. 制造费用的明细表,不需要"本年计划"栏。　　　　　　　　　　　　　（　）
4. 成本报表的格式是由会计制度规定的。　　　　　　　　　　　　　　　（　）
5. 商品产品成本报表是反映成本计划执行情况的。　　　　　　　　　　　（　）
6. 商品产品成本报表按可比产品和不可比产品分别反映其单位成本和总成本。（　）
7. 主要产品单位成本报表是按费用要素分别反映的。　　　　　　　　　　（　）
8. 制造费用明细表可以反映企业制造费用的构成。　　　　　　　　　　　（　）

四、填空题

1. 成本报表是服务于_____目的的报表。
2. 成本报表格式的设置要求有_____、_____和_____。
3. 商品产品成本报表按_____和_____分别反映其单位成本和总成本。
4. _____是指以前年度曾经生产过的产品。
5. 主要产品单位成本报表是按_____分别反映产品单位成本及各成本项目的各项指标。
6. 制造费用明细表中费用明细项目的划分,可参照_____的规定,也可根据____的具体情况增减,但不宜经常变动。
7. 为了充分发挥成本报表在管理中的积极作用,编制成本报表时应做到_____,_____,_____。

第十二章 成本分析

一、单项选择题

1. 计算实际成本降低率时,应当用实际成本降低额除以( )。
   A. 实际产量按上年单位成本计算的总成本
   B. 计划产量按上年单位成本计算的总成本
   C. 实际产量按计划单位成本计算的总成本
   D. 实际产量按实际单位成本计算的总成本

2. 产品品种结构变动影响成本降低额和降低率,是因为各种产品的( )。
   A. 成本降低额和降低率不同
   B. 单位成本和总成本不同
   C. 计划成本降低率不同
   D. 实际成本降低率不同

3. 连环替代法是一种( )。
   A. 相关分析法   B. 因素分析法
   C. 比较分析法   D. 比率分析法

4. 影响可比产品成本降低率的因素有( )。
   A. 产品产量   B. 产品单位成本
   C. 产品的种类和规格   D. 产品数量

5. 商品产品成本表可以考核( )。
   A. 全部商品成本和各种主要商品产品成本计划的执行结果
   B. 制造费用、企业管理费用计划的执行结果
   C. 可以按照成本项目分析、考核主要产品单位成本计划的执行结果
   D. 主要产品技术经济指标执行情况

6. 可比产品成本本年与上年相比,如果不是降低而是超支,其超支额和超支率应用( )填列。
   A. 负数   B. 正数
   C. 红字   D. 蓝字

7. 产量变动之所以影响产品单位成本,是因为( )。
   A. 在产品全部成本中包括了一部分变动费用
   B. 在产品全部成本中包括了一部分相对固定的费用
   C. 产品总成本不变
   D. 产品产量增长小于产品总成本增长

8. 通过成本指标在不同时期(或不同情况)的数据的对比,来提示成本变动及其原因的方法是( )。

A. 比较分析法 B. 趋势分析法
C. 比率分析法 D. 因素分析法

9. 把综合性指标分解为各个因素,研究诸因素变动对综合性指标变动影响程度的分析方法是( )。
A. 对比分析法 B. 趋势分析法
C. 比率分析法 D. 因素分析法

二、多项选择题

1. 比较分析法在成本分析中,主要的比较(对比)方式有( )等。
A. 分析期实际数据与计划数据对比
B. 分析期实际数据与前期实际数据对比
C. 分析期实际数据与行业平均实际对比
D. 分析期实际数据与行业先进数据对比

2. 连环替代法的计算程序是( )。
A. 确定指标的组成因素和因素排列顺序
B. 依次以各因素的实际数值替换该因素的标准数值,直至最后计算出实际指标
C. 以每一个替换后计算出的新数据,减去前一个数据,其差额即为该因素的影响程度
D. 确定数量指标和质量指标

3. 全部产品成本计划完成情况分析的任务是( )。
A. 查明全部产品和各类产品成本计划完成情况
B. 查明全部产品中各成本项目的计划完成情况
C. 找出成本升降幅度大的产品和成本项目
D. 查明单位成本升降的原因

4. 影响可比产品成本降低额的指标有( )。
A. 本年累计实际产量 B. 上年累计实际产量
C. 本年累计计划产量 D. 上年实际平均单位成本
E. 本年累计实际平均单位成本

5. 对成本报表进行分析的方法包括( )。
A. 余额法 B. 比率分析法
C. 因素分析法 D. 对比分析法

6. 商品产品成本表的分析可以从( )等方面进行。
A. 全部商品产品成本计划完成情况
B. 主要产品成本降低计划的完成情况
C. 可比产品成本降低计划的完成情况
D. 不可比产品成本降低计划的完成情况

7. 对可比产品成本降低计划的完成情况的分析,应从( )等方面进行。
A. 产品产量变动的影响
B. 产品品种结构变动的影响

C. 产品生产计划变动的影响
D. 产品单位成本变动的影响
8. 商品产品成本表分为(　　　　)三部分。
A. 可比产品
B. 不可比产品
C. 单位成本
D. 补充资料
9. 影响可比产品成本降低率的主要因素有(　　　　)。
A. 产品产量
B. 产品品种比重
C. 产品价格
D. 产品单位成本
10. 主要产品单位分析表的成本项目主要包括(　　　　)。
A. 直接材料
B. 直接人工
C. 制造费用
D. 原材料

三、判断题

1. 产品成本降低额和降低率指标,计划数和实际数都是与上年比较来计算的。（　）
2. 因素分析法不需要考虑因素的排列顺序。（　）
3. 单一产品成本降低率的变动,不受产品结构变动的影响。（　）
4. 比率分析法是比较分析法的一种表现形式,因素分析法是比较分析法的延伸。（　）
5. 在其他条件不变的情况下,产品产量与产品总成本成正比例变动,与成本降低率成反比例变动。（　）
6. 某企业生产甲、乙两种产品,其成本降低额分别为 800 元和 1 000 元,成本降低率分别为 2%和 3%,则总成本降低额为 1 800 元,总成本降低率为 5%。（　）
7. 在其他条件不变的情况下,产品品种结构变动,会影响成本降低额和降低率。（　）
8. 不可比产品不属于商品产品。（　）
9. 任何情况下,产品产量的变动都会影响可比产品成本降低率。（　）
10. 可比产品成本计划降低率并非可比产品成本降低计划。（　）
11. 采用连环替代法进行成本分析时,替代顺序确定的一般原则是:先数量,后质量。（　）
12. 在生产多种可比产品的条件下,影响可比产品成本降低任务完成的因素有三个,即产品产量变动的影响,产品品种结构变动的影响和产品单位成本变动的影响。（　）

四、填空题

1. 成本分析是为了满足企业各管理层次了解成本情况及进行经营管理决策的需要,以＿＿＿＿＿＿为基础,结合其他有关的核算、计划和统计资料,采用一定的方法解剖＿＿＿＿＿＿＿＿＿＿＿＿＿＿的管理活动。
2. 通过成本考核可以考核＿＿＿＿＿＿的执行情况,评价企业过去的＿＿＿＿管理工作。
3. 成本分析的方法有＿＿＿＿＿、＿＿＿＿＿和＿＿＿＿＿等方法。
4. 比率分析法主要有＿＿＿＿＿＿＿＿＿＿和＿＿＿＿＿＿＿＿＿两种。
5. ＿＿＿＿＿＿＿＿是通过计算两个性质不同而又相关的指标的比率进行数量分析的

方法。

6. ＿＿＿＿＿是通过计算某项成本指标的各个组成部分占总体比重分析其内容构成的变化,又称为＿＿＿＿或称＿＿＿＿＿。

7. 由于构成各因素之间相互关系的复杂性不同,因素分析法又可分为两种,即＿＿＿＿＿和＿＿＿＿＿。

8. 企业的商品产品包括＿＿＿＿和＿＿＿＿产品。

9. 企业以前正式生产过的、有历史资料的产品称为＿＿＿＿。

10. 企业以前从未正式生产过的、没有历史资料的产品称为＿＿＿＿＿。

11. 影响可比产品的成本降低计划的因素主要有＿＿＿、＿＿＿＿和＿＿＿＿。

第十三章 成本控制

一、单项选择题

1. 狭义的成本控制是指（ ）。
   A. 事前成本控制　　　　　　　　　B. 事后成本控制
   C. 日常成本控制　　　　　　　　　D. 成本预测
2. 标准成本一般应按（ ）分别制定。
   A. 费用要素　　　　　　　　　　　B. 费用内容
   C. 责任人员　　　　　　　　　　　D. 成本项目
3. 实际执行的标准成本一般是（ ）。
   A. 理想标准　　　　　　　　　　　B. 正常标准
   C. 基本标准　　　　　　　　　　　D. 现实标准
4. 责任成本是按照（ ）进行汇集计算，应由各责任者负责的成本。
   A. 资金中心　　　　　　　　　　　B. 成本中心
   C. 利润中心　　　　　　　　　　　D. 责任中心
5. 责任成本考核是为了落实经济责任制，因此，应当体现（ ）的原则。
   A. 质量优先　　　　　　　　　　　B. 责权利相结合
   C. 数量优先　　　　　　　　　　　D. 利润优先
6. 某产品耗用甲种直接材料，标准单价为15元，标准耗用量为1 500千克实际耗用量为1 600千克，则甲材料数量差异为（ ）。
   A. 1 500元　　　　　　　　　　　B. 1 600元
   C. 2 000元　　　　　　　　　　　D. -1 500元
7. 某公司某年度的直接人工成本如下：

   标准工资率　　　　　　　　　　　6元/小时
   实际工资率　　　　　　　　　　　5.8元/小时
   标准工时　　　　　　　　　　　　20 000 小时
   实际工时　　　　　　　　　　　　21 000 小时

   工资率差异4 200元（有利差异），该公司的直接人工实际总成本是（ ）。
   A. 11 600元　　　　　　　　　　　B. 11 760元
   C. 120 000元　　　　　　　　　　　D. 121 800元
8. 通常应对不利的材料数量差异负责的部门是（ ）。
   A. 质量控制部门　　　　　　　　　B. 采购部门
   C. 工程设计部门　　　　　　　　　D. 生产部门
9. 在最佳的经营条件下可能达到的最低的成本标准是（ ）。
   A. 现在可以达到的标准成本　　　　B. 理想标准成本

C. 正常标准成本 D. 现实标准成本

10. 固定性制造费用成本差异是( )之间的差异。
A. 实际产量下,实际固定性制造费用与标准固定性制造费用
B. 预算产量下,实际固定性制造费用与标准固定性制造费用
C. 实际产量下的实际固定性制造费用,预算产量下的标准固定性制造费用
D. 预算产量下的实际固定性制造费用,实际产量下的标准固定性制造费用

二、多项选择题

1. 成本控制的基本程序包括( )。
A. 制定控制标准 B. 揭示成本差异
C. 进行成本反馈 D. 组织成本考核

2. 下列差异项目中,属于价格差异的有( )。
A. 人工效率差异 B. 人工工资率差异
C. 材料价格差异 D. 制造费用差异

3. 产品的标准成本是由( )构成的。
A. 直接材料标准成本 B. 直接人工标准成本
C. 变动性制造费用标准成本 D. 固定性制造费用标准成本

4. 成本差异包括( )。
A. 直接材料成本差异 B. 直接人工成本差异
C. 制造费用成本差异 D. 管理费用成本差异

5. 影响直接人工成本差异的原因主要有( )等。
A. 工资水平的提高
B. 企业职工人数的增加
C. 工人劳动生产率的升降
D. 产品工艺改进引起单位产品工时变化

6. 影响材料价格差异的原因主要有( )等。
A. 市场材料价格的变化 B. 企业产品生产数量的变化
C. 企业材料采购批量的变化 D. 材料质量的变化

7. 标准成本法与定额法的不同之处反映在( )等方面。
A. 是否设置差异凭证并随时反映
B. 是否设置差异账户并进行结转
C. 是否从成本性态和成本责任上对成本加以控制
D. 是否计算产品实际成本

8. 标准成本制度与成本计算的定额法的相似之处反映在( )等方面。
A. 事先都要制定成本控制标准
B. 核算中都要揭示差异
C. 都要对产生差异的原因进行分析和采取控制措施
D. 都要设置差异凭证和账户并进行登记

9. 固定制造费用包括(　　　　)。
A. 开支差异　　　　　　　　　　B. 效率差异
C. 能力利用差异　　　　　　　　D. 数量差异
10. 计算变动性制造费用的效率差异需要的数据有(　　　　)。
A. 实际工时　　　　　　　　　　B. 标准工时
C. 实际费用分配率　　　　　　　D. 标准费用分配率
11. 计算固定性制造费用的能力利用差异需要的数据有(　　　　)。
A. 预算固定制造费用总额　　　　B. 标准分配率
C. 实际工时　　　　　　　　　　D. 实际分配率
12. 责任成本与产品成本的不同之处反映在(　　　　)等方面。
A. 核算的原则不同　　　　　　　B. 核算的对象不同
C. 核算的目的不同　　　　　　　D. 核算的范围不同

三、判断题

1. 无论是采用定额成本法还是采用标准成本法进行成本控制,其控制过程都是相同的。(　)
2. 所谓成本差异,是指实际成本与标准成本之间的差额,又称为标准差异。(　)
3. 成本的控制标准一般按成本项目分别制定,制定每一项目的控制标准都要考虑数量和单价两个基本因素。(　)
4. 实际执行的标准成本应当是理想标准。(　)
5. 标准成本差异的分析主要是将标准成本与计划成本比较,分析产生差异的原因。(　)
6. 实际成本高于标准成本所形成的差异称为顺差,也称为有利差异。(　)
7. 实际成本超过标准成本所形成的差异,称为逆差,也称不利差异,表示成本超支,用正数表示。(　)
8. 有利差异越大越好,不利差异越小越好。(　)
9. 产品的标准成本应该等于直接材料标准成本加上直接人工标准成本再加上变动制造费用标准成本。(　)
10. 成本中心应当按照产品成本的构成项目(即成本项目)来划分。(　)
11. 责任成本的核算对象是成本责任单位,主要核算可控成本。(　)
12. 责任成本核算的目的是为了正确计算各种产品的销售成本。(　)

四、填空题

1. 广义的成本控制可分为_____、_____和_____三类。
2. 成本控制的程序可以分为_____、_____和_____三个步骤。
3. 日常生产成本控制的方法有_____和_____两种。
4. 标准成本按其制定的标准不同通常可分为_____、_____和_____三种。

5. 产品标准成本的制定应按_____、_____和_____三大项分别进行。
6. 变动性制造费用的差异计算分为_____和_____。
7. 固定性制造费用的差异计算分为_____、_____和_____三项。
8. 标准成本差异中,实际成本小于标准成本的差异为_____,实际成本大于标准成本的差异为_____。
9. 责任成本是成本考核的一种成本形式,是按照_____进行汇集计算,应由各责任者负责的成本。
10. 进行成本考核工作主要从_____、_____和_____等几个方面进行。

五、业务核算题

1. 直接材料成本差异计算。

[资料]某公司生产甲产品需用 A、B 两种直接材料,其标准价格分别为 5 元/千克、10 元/千克。单位产品的标准用量分别为 30 千克/件、20 千克/件;本期共生产甲产品 400 件,实际耗用 A 材料 11 000 千克、B 材料 9 000 千克。A、B 两种材料的实际价格分别为 4.5 元/千克和 11 元/千克。

要求:

(1) 计算甲产品直接材料价格差异和用量差异。

(2) 计算甲产品直接材料成本差异。

2. 直接人工成本差异计算。

[资料]某企业本月生产 A 产品 200 件,实际耗用 8 000 工时,平均每件 40 工时。实际工资

总额为 80 000 元,平均每工时 10 元。标准工资率为 9 元,单位产品的工时耗用标准为 38 工时。

要求:

(1) 计算本月份的直接人工工资率差异和人工效率差异。

(2) 计算本月份的直接人工成本差异。

3. 变动性制造费用差异计算。

[资料]某企业生产 B 产品,本期内的变动性制造费用的预算数和实际执行情况见表 2.1.13.1。

表 2.1.13.1 变动性制造费用预算数和实际执行情况

	项 目	每工时标准	标准工时总数 8 000 小时
预算数	间接材料/元	0.40	3 200
	间接人工/元	0.20	1 600
	小计	0.60	4 800
实际数	实际产量/件	4 000	
	实际工时/小时	8 400	
	间接材料/元	3 280	
	间接人工/元	1 920	

要求:

(1) 计算 B 产品的变动制造费用耗用差异和效率差异。

（2）计算 B 产品的变动制造费用的总差异。（结果保留三位小数）

4. 固定性制造费用差异计算。

[资料]某公司本年度的固定性制造费用及其他有关资料如下：

固定性制造费用预算总额 60 000 元；

固定性制造费用实际支付总额 61 700 元；

预计产能标准总工时 20 000 工时；

本年度实际产量应耗标准总工时 16 000 工时，该企业实际产量的实际工时为 17 500 小时。

要求：计算固定性制造费用的耗用差异、效率差异和生产能力利用差异。

5. 标准成本差异的计算。

[资料]某企业生产甲产品，有关资料如下：

（1）预计本月生产甲产品 500 件，每件产品需用 10 小时，制造费用预算为 18 000 元（其中变动性制造费用预算为 12 000 元，固定性制造费用预算为 6 000 元），该企业产品的标准成本资料见表 2.1.13.2。

表 2.1.13.2 甲产品标准成本

成本项目	标准单价（或标准分配率）	标准用量	标准成本/元
直接材料	0.6 元/千克	100 千克	60
直接人工	4 元/小时	10 小时	40
变动性制造费用	2 元/小时	10 小时	20
固定性制造费用	1 元/小时	10 小时	10
单位产品标准成本			130

（2）本月实际投产甲产品 520 件,已全部完工入库,无期初、期末在产品。

（3）本月材料每千克 0.62 元,全月实际领 46 800 千克。

（4）本月实际耗用 5 200 小时,每小时平均工资率为 3.8 元。

（5）制造费用实际发生额 16 000 元(其中,变动性制造费用 10 920 元,固定性制造费用 5 080元),变动性制造费用实际分配率 2.1 元/小时。

要求:计算甲产品的直接材料、直接人工、变动性制造费用和固定性制造费用的成本差异。

第十四章 作业成本法

一、单项选择题

1. 作业成本法是选择( )作为成本计算对象。
   A. 产品　　　　　　　　　　B. 作业
   C. 责任中心　　　　　　　　D. 管理中心
2. ( )为各种产品的生产而从事的作业,这种作业的目的是服务于各种产品的生产与销售。
   A. 产品别作业　　　　　　　B. 管理级作业
   C. 批别作业　　　　　　　　D. 连带作业
3. 以组织存在目的为中心的作业叫( )。
   A. 支持作业　　　　　　　　B. 连带作业
   C. 核心作业　　　　　　　　D. 主要作业
4. 下列属于作业成本计算的理论核心是( )。
   A. 保值理论　　　　　　　　B. 成本收益理论
   C. 成本管理理论　　　　　　D. 成本动因理论

二、多项选择题

1. 下列各项关于作业成本法的表述中,正确的有( )。
   A. 它是一种财务预算的方法
   B. 它以作业为基础计算成本
   C. 它是一种成本控制的方法
   D. 它是一种准确无误的成本计算方法
2. 下列属于作业成本法的作业特征的是( )。
   A. 作业是一种资源的投入和另一种效果的产出的过程
   B. 作业活动贯穿于公司经营的全过程
   C. 作业是可量化的
   D. 作业活动贯穿于企业管理全过程
3. 作业按照其重要性可以分为( )。
   A. 主要作业　　　　　　　　B. 次要作业
   C. 核心作业　　　　　　　　D. 过程作业
4. 下列属于作业成本法计算程序的是( )。
   A. 确认和计量各类资源的耗费
   B. 确认作业和作业中心,并建立作业成本库

C. 确定作业成本动因,并确定各成本动因的分配率
D. 分配作业成本,并计算汇总各成本目标的成本

三、判断题

1. 作业成本法的基本思想是在资源和产品之间引入一个中介即作业。　　　　　( )
2. 作业是指相关的一系列任务的总和,或指组织内为了某种目的而进行的消耗资源的活动。
   　　　　　　　　　　　　　　　　　　　　　　　　　　　　　　　　　　( )
3. "作业成本动因"是指各项作业被最终产品或劳务消耗的方式或原因,体现了作业消耗量与作业贡献之间的关系。　　　　　　　　　　　　　　　　　　　　　　　　( )
4. "增值作业"是指能为企业带来利润但不能给顾客带来价值的作业。　　　　( )

实训二　制造成本实务模拟综合训练

训练一　产品成本计算的品种法

一、企业基本情况

宏达公司设有两个生产车间。一车间为基本生产车间,大量生产甲、乙两种产品,根据生产工艺特点和管理要求,企业确定采用品种法计算甲、乙产品成本。二车间为辅助生产车间,辅助生产车间的制造费用通过"制造费用"账户核算。根据企业的需要,产品成本项目设置为"原材料""燃料及动力""直接人工"和"制造费用"四个项目。各车间的人员工资采用计时工资。该企业低值易耗品采用一次摊销法。生产甲、乙产品共同耗用 A 材料,另外甲和乙产品分别耗用 B 材料和 C 材料。

二、20×8 年 10 月份该企业有关资料

1. 产量资料:甲、乙产品均无月初在产品,本月投产甲产品 100 件,乙产品 120 件。
2. 根据货币资金支出资料,编制的各车间有关各项货币支出的汇总表(代为原始凭证)见表 2.2.1.1。

表 2.2.1.1　货币支出汇总表

应借科目			金额/元
总账科目	明细科目	成本或费用项目	
制造费用	一车间	办公费	1 000
		劳动保护费	1 000
		其他	500
	二车间	办公费	750
		劳动保护费	750
		其他	500
小计			4 500

续表

应借科目			金额/元
总账科目	明细科目	成本或费用项目	
管理费用		办公费	1 000
		劳动保护费	500
		其他	500
		小计	2 000
合计			6 500

3. 甲、乙产品共同耗用 A 材料，单件甲、乙产品的 A 材料消耗定额分别为 4 千克和 5 千克。A 材料费用按甲、乙产品的 A 材料消耗定额分配。

4. 按旬编制的领料凭证汇总表见表 2.2.1.2～表 2.2.1.4。

表 2.2.1.2　领料凭证汇总表

20×8 年 10 月 1—10 日　　　　　　　　　　　　　　　　　　　单位：元

项　　目		一　车　间	二　车　间
原材料	A	10 000	
	B	20 000	
	C	20 000	
	D		500
	小计	50 000	500
低值易耗品	E	200	
	F	300	
	G		200
	H		400
	小计	500	600
机物料消耗	I	200	
	J	200	
	K		150
	L		200
	小计	400	350

表 2.2.1.3　领料凭证汇总表

20×8 年 10 月 11—20 日　　　　　　　　　　　　　　　　　　　　单位:元

项　目		一　车　间	二　车　间
原材料	A	20 000	
	B	10 000	
	C	30 000	2 000
	D		1 000
	小计	60 000	3 000
低值易耗品	E	200	
	F	300	
	G		100
	H		200
	小计	500	300
机物料消耗	I		400
	J		100
	K	300	
	L	200	
	小计	500	500

表 2.2.1.4　领料凭证汇总表

20×8 年 10 月 21—31 日　　　　　　　　　　　　　　　　　　　　单位:元

项　目		一　车　间	二　车　间
低值易耗品	E	200	
	F	300	
	G		200
	H		400
	小计	500	600
机物料消耗	I	200	
	J	200	
	K		150
	L		200
	小计	400	350

5. 各车间及管理部门工资汇总见表2.2.1.5。

表2.2.1.5 工资汇总表

20×8年10月　　　　　　　　　　　　　　　　　　　　　　　　单位:元

部门		应付职工薪酬——工资					
		月标准工资	福利费	奖金	津贴	扣缺勤工资	应付职工薪酬——工资合计
一车间	生产工人	5 475	766.5	1 150	500		7 891.5
	管理人员	2 550	357	680	90	20	3 657
	小计	8 025	1 123.5	1 830	590	20	11 548.5
二车间	生产工人	2 400	336	550	260	10	3 536
	管理人员	1 650	231	405	85	40	2 331
	小计	4 050	567	955	345	50	5 867
行政管理		2 100	294	500	100		2 994

6. 本月甲、乙两种产品的工时记录分别为2 275小时和2 475小时。一车间生产的甲、乙产品的工人工资按甲、乙产品的生产工时分配。

7. 外购动力费用见表2.2.1.6。10月份电费共计10 300元,通过"应付账款"账户核算。一车间的生产用电按生产工时在甲、乙产品之间进行分配。

表2.2.1.6 各部门用电明细表

20×8年10月　　　　　　　　　　　　　　　　　　　　　　　　单位:千瓦时

	生产用电	其他用电
一车间	11 400	2 000
二车间	3 200	3 000
行政管理		1 000

8. 10月份各车间固定资产的折旧费用分别为:一车间2 000元,二车间1 000元,行政管理部门为1 000元。

9. 10月份财务费用为1 000元。

10. 辅助生产车间生产费用。该企业辅助生产费用采用直接分配法分配。本月二车间提供运输服务10 190吨·千米,其中,为一车间提供运输服务9 000吨·千米,为行政管理部门提供运输服务1 190吨·千米。

11. 该企业制造费用按产品的实际工时在甲、乙产品之间进行分配。

12. 完工产品与月末在产品。该企业产品的消耗定额比较准确,甲、乙产品各月在产品数量变动大,采用在产品按定额成本计价法进行完工产品与在产品之间的费用分配,已知本月甲产品完工80件,乙产品完工100件。

13. 月末各在产品的有关资料见表2.2.1.7。

表2.2.1.7 月末在产品有关资料

产品名称	所有工序	在产品数量	单件在产品原材料定额费用/元	单件在产品累计工时定额	单位工时定额/(元/小时)		
					燃料及动力	直接人工	制造费用
甲产品	1	15	420	10	1.2	1.6	6
	2	5		20			
乙产品	1	10	560	5			
	2	10		15			

三、实务操作要求

1. 根据按旬编制的领料凭证汇总表,编制月度领料凭证汇总表(表2.2.1.8)。

表2.2.1.8 领料凭证汇总表
20×8年10月   单位:元

		1—10日	11—20日	21—31日	合计
一车间	原材料				
	低值易耗品				
	机物料消耗				
二车间	原材料				
	低值易耗品				
	机物料消耗				

2. 根据领料凭证汇总表以及其他资料,编制材料费用分配表(表2.2.1.9)。

表2.2.1.9 材料费用分配表
20×8年10月   单位:元

应借账户		成本或费用明细项目	间接计入			直接计入	合计
			定额耗用量/千克	分配率	分配额		
基本生产成本	甲产品	原材料					
	乙产品	原材料					
	小计						
辅助生产成本	运输车间	原材料					
	小计						

续表

应借账户		成本或费用明细项目	间接计入			直接计入	合计
			定额耗用量/千克	分配率	分配额		
制造费用	一车间	低值易耗品					
		机物料消耗					
	二车间	低值易耗品					
		机物料消耗					
	小计						
合　计							

3. 根据工资汇总表,编制职工薪酬分配表(表 2.2.1.10)。

表 2.2.1.10　职工薪酬分配表

20×8 年 10 月　　　　　　　　　　　　　　　　　　　　单位:元

应借账户		成本或费用项目	生产工时	分配率	工资费用
基本生产成本		甲产品	直接人工		
		乙产品	直接人工		
	小计				
辅助生产成本		运输车间	直接人工		
	小计				
制造费用		一车间	职工薪酬		
		二车间	职工薪酬		
	小计				
管理费用			职工薪酬		
合　计					

4. 根据各部门用电明细表,编制外购动力费用分配表(表 2.2.1.11)。

表 2.2.1.11　外购动力费用分配表

20×8 年 10 月　　　　　　　　　　　　　　　　　　　　金额单位:元

应借账户		成本项目或费用项目	数量		分配金额
			生产工时/小时 (分配率:1.2)	千瓦时数/千瓦时 (单价:0.5)	
基本生产成本	甲产品	燃料及动力			
	乙产品	燃料及动力			
	小计				
辅助生产成本	运输车间	燃料及动力			
	小计				
制造费用	一车间	水电费			
	二车间	水电费			
管理费用		水电费			
合　　计					

5. 根据固定资产资料,编制固定资产折旧费用分配表(表 2.2.1.12)。

表 2.2.1.12　固定资产折旧费用分配表

20×8 年 10 月　　　　　　　　　　　　　　　　　　　　单位:元

项目	生产车间			行政管理	合计
	一车间	二车间	小计		
折旧费					

6. 根据利息资料,编制财务费用分配表(表 2.2.1.13)。

表 2.2.1.13　财务费用分配表

20×8 年 10 月　　　　　　　　　　　　　　　　　　　　单位:元

应借账户	计提金额
财务费用	

7. 根据各项费用分配表,登记辅助生产车间制造费用明细账(表 2.2.1.14)、辅助生产车间生产成本明细账(表 2.2.1.15)。

表 2.2.1.14　辅助生产车间制造费用明细账

20×8 年 10 月　　　　　　　　　　　　　　　　　　　　　　　单位:元

月	日	摘要	职工薪酬	机物料消耗	水电费	折旧费	低值易耗品	劳动保护	办公费	其他	合计
10	31	据货币支出汇总表									
	31	据材料费用分配表									
	31	据职工薪酬分配表									
	31	据外购动力费用分配表									
	31	据固定资产折旧费用分配表									
	31	制造费用分配转出									
	31	合计									

表 2.2.1.15　辅助生产车间生产成本明细账

车间:二车间　　　　　　20×8 年 10 月　　　　　　　　　　　　　单位:元

月	日	摘要	原材料	燃料及动力	直接人工	制造费用	合计
10	31	据材料费用分配表					
	31	据职工薪酬分配表					
	31	据外购动力费用分配表					
	31	据辅助生产车间制造费用明细账					
	31	转出辅助生产车间生产费用					
	31	合　计					

8. 根据辅助生产车间生产费用明细账和其他相关资料,编制辅助生产车间生产费用分配表(表 2.2.1.16)。

9. 根据辅助生产车间生产费用分配表和其他资料,登记基本生产车间制造费用明细账(表 2.2.1.17)。

10. 根据基本生产车间制造费用明细账和其他相关资料,编制基本生产车间制造费用分配表(表 2.2.1.18)。

表 2.2.1.16　辅助生产车间生产费用分配表(直接分配法)

车间:二车间　　　　　　　　　20×8 年 10 月　　　　　　　　　　　　单位:元

辅助生产部门名称			运输车间	合　计
待分配费用				
供应辅助生产部门以外单位的劳务量				
费用分配率(单位成本)				
应借账户	制造费用——一车间	耗用数量		
		分配金额		
	管理费用	耗用数量		
		分配金额		
分　配　金　额　合　计				

表 2.2.1.17　一车间制造费用明细账

20×8 年 10 月　　　　　　　　　　　　　　　　　　　　单位:元

月	日	摘　要	职工薪酬	机物料消耗	水电费	折旧费	运输费	低值易耗品	劳动保护	办公费	其他	合计
10	31	据货币支出汇总表										
	31	据材料费用分配表										
	31	据职工薪酬分配表										
	31	据外购动力费用分配表										
	31	据固定资产折旧费用分配表										
	31	据辅助生产车间生产费用分配表										
	31	制造费用分配转出										
	31	合计										

表 2.2.1.18　一车间制造费用分配表

20×8 年 10 月　　　　　　　　　　　　　　　　　　　　单位:元

应借账户		生产工时	分配率	金额
生产成本	甲产品			
	乙产品			
	合计			

11. 根据月末在产品有关资料编制月末在产品定额成本计算表(表 2.2.1.19)。

12. 根据一车间制造费用分配表和其他资料,登记基本生产车间产品明细账(表 2.2.1.20、表 2.2.1.21)。

表 2.2.1.19　月末在产品定额成本计算表

20×8 年 10 月　　　　　　　　　　　　　　　　　　　　　　　　金额单位：元

产品名称	所在工序	在产品数量	原材料		在产品工时定额	燃料及动力	职工薪酬	制造费用	定额成本
			单件定额	定额费用					
甲产品	1								
	2								
甲产品合计									
乙产品	1								
	2								
乙产品合计									

表 2.2.1.20　产成品明细账

产品名称：甲产品　　　　　　　　　　20×8 年 10 月　　　　　　　　　　　　　　　　单位：元

月	日	摘　　要	原材料	燃料及动力	直接人工	制造费用	合计
10	31	据材料费用分配表					
	31	据职工薪酬分配表					
	31	据外购动力费用分配表					
	31	据一车间制造费用分配表					
	31	生产费用合计					
	31	产成品成本					
	31	月末在产品成本					

表 2.2.1.21　产成品明细账

产品名称：乙产品　　　　　　　　　　20×8 年 10 月　　　　　　　　　　　　　　　　单位：元

月	日	摘　　要	原材料	燃料及动力	直接人工	制造费用	合计
10	31	据材料费用分配表					
	31	据职工薪酬分配表					
	31	据外购动力费用分配表					
	31	据一车间制造费用明细账					
	31	生产费用合计					
	31	产成品成本					
	31	月末在产品成本					

13. 根据产成品明细账和其他相关资料,计算各种产品的完工产品成本。
14. 根据产成品明细账,编制产成品成本汇总表(表 2.2.1.22)。

表 2.2.1.22　产成品成本汇总表

20×8 年 10 月　　　　　　　　　　　　　　　　　　　　金额单位:元

产成品	数量/件	原材料	燃料及动力	职工薪酬	制造费用	成本合计
甲产品						
乙产品						
合计						

15. 根据各项费用分配表,登记管理费用明细账(表 2.2.1.23)和财务费用明细账(表 2.2.1.24)。

表 2.2.1.23　管理费用明细账

20×8 年 10 月　　　　　　　　　　　　　　　　　　　　　　单位:元

月	日	摘要	职工薪酬	水电费	折旧费	运输费	劳动保护	办公费	其他	合计
10	31	据货币支出汇总表								
	31	据职工薪酬分配表								
	31	据外购动力费用分配表								
	31	据固定资产折旧费用分配表								
	31	据辅助生产车间生产费用分配表								
	31	合计								

表 2.2.1.24　财务费用明细账

20×8 年 10 月　　　　　　　　　　　　　　　　　　　　　　单位:元

月	日	摘要	利息支出	其他	合计
10	31				

训练二　产品成本计算的分批法

一、基本情况

汇丰工厂是一个小批单件单步骤生产的中小型企业,成本核算方法采用分批法。该企业生产甲、乙两种产品,企业生产计划部门依据客户订单下达生产任务,按生产批号组织生产,以生产批号为成本计算对象。企业设有一个基本生产车间和一个机修辅助生产车间。该厂设有原材料、薪酬、制造费用等成本项目,费用按月汇总,产品成本是在一张订单的全部产品完工后才进行结算。如一张订单有分月陆续完工情况,则按计划成本转出,待该产品全部完工后,再重新结算完工产品的总成本和单位成本。辅助生产车间不设置制造费用明细账。

二、20×8 年 9 月该企业的有关资料

1. 月初在产品成本资料见表 2.2.2.1。

表 2.2.2.1　月初在产品成本资料

20×8 年 9 月　　　　　　　　　　　　　　　　　　　　　　　　　　　单位:元

生产批号	原材料	薪酬	制造费用	合计
0701 号	20 000	18 000	15 000	53 000
0802 号	24 000	20 000	10 000	54 000

2. 各生产批号的有关资料。
0701 号甲产品 10 件,7 月份投产,本月全部完工。
0802 号甲产品 15 件,8 月份投产,本月完工 5 件,未完工 10 件。
0903 号乙产品 20 件,9 月份投产,计划 10 月份完工。
0904 号乙产品 10 件,9 月份投产,本月全部完工。
3. 批号为 0802 号的甲产品的计划成本资料见表 2.2.2.2。

表 2.2.2.2　甲产品单位计划成本表

20×8 年 9 月　　　　　　　　　　　　　　　　　　　　　　　　　　　单位:元

项目	原材料	薪酬	制造费用	合计
单位计划成本	2 930	916	2 240	6 086

4. 各部门领料情况见表 2.2.2.3。

表 2.2.2.3 领料凭证汇总表

20×8 年 9 月　　　　　　　　　　　　　　　　　　　　　　　　　单位:元

项目		基 本 生 产				辅助生产	制造费用	管理费用	合计
		0802 号	0903 号	0904 号	合计				
原材料	A	8 000			8 000				8 000
	B	7 000			7 000				7 000
	C	5 000			5 000				5 000
	D		15 000		15 000				15 000
	E		3 000		3 000				3 000
	F			20 000	20 000				20 000
	合计	20 000	18 000	20 000	58 000				58 000
辅助材料	H						1 500	500	2 000
	J					2 000			2 000
	K							500	500
	合计					2 000	1 500	1 000	4 500
低值易耗品	M					3 000			3 000
	N							500	500
	S						1 200		1 200
	X						300		300
	合计					3 000	1 500	500	5 000

5. 各部门的工资情况见表 2.2.2.4。其中,甲产品的生产工人采用计件工资,直接计入各生产批号产品的基本生产成本。各生产批号产品的计件工资见表 2.2.2.5,甲产品的非计件工资,按计件工资额分配计入各生产批号产品成本,乙产品的生产工人采用计时工资,按生产工时分配计入各生产批号产品的基本生产成本。

表 2.2.2.4 工资结算汇总表

20×8 年 9 月　　　　　　　　　　　　　　　　　　　　　　　　　单位:元

部　　门			应付职工薪酬					应付职工薪酬合计
			基本工资	加班工资	奖金	津贴	福利费等	
一车间	生产工人	甲产品	8 400	1 200	1 000	1 400	1 680	13 680
		乙产品	8 600	1 000	800	600	1 540	12 540
	管理人员		3 000		500	500	560	4 560
机修车间	生产工人		7 600	300	600	500	1 260	10 260
	管理人员		2 000	100	200	200	350	2 850
行政管理			10 000		1 000	800	1 652	13 452

表 2.2.2.5　甲产品各批号的计件工资及工时

20×8 年 9 月

生产批号	计件工资/元	生产批号	工时/小时
0701 号	4 000	0903	2 000
0802 号	4 400	0904	3 000
合计	8 400	合计	5 000

6. 固定资产折旧计算表见表 2.2.2.6。

表 2.2.2.6　固定资产折旧计算表

20×8 年 9 月　　　　　　　　　　　　　　　　　　　　　　　　单位：元

使用部门		上月已计提折旧	上月增加固定资产应计提折旧	上月减少固定资产应计提折旧	本月应计提折旧
生产车间	厂房	5 600	1 200		6 800
	设备	12 000		1 000	11 000
	小计	17 600	1 200	1 000	17 800
机修车间	厂房	5 000			5 000
	设备	2 000			2 000
行政管理		3 000			3 000

7. 9 月份由银行存款支付电费 9 080 元,水费 11 000 元,各车间、部门本月耗用的水电量见表 2.2.2.7。

表 2.2.2.7　各部门耗用的水电量

20×8 年 9 月

使用部门	用电量/千瓦时	用水量/吨
生产车间	27 800	5 100
机修车间	11 400	2 800
行政管理	6 200	3 100
合计	45 400	11 000

8. 生产车间用现金支付办公费 150 元。

9. 机修车间生产费用按各部门耗用劳务数量分配,机修车间提供的有关劳务见表 2.2.2.8。

表 2.2.2.8　机修车间供应劳务量汇总表

20×8 年 9 月

受益单位	修理工时/工时
生产车间	3 400
管理部门	600
合计	4 000

10. 各批产品的机器加工工时见表 2.2.2.9。

表 2.2.2.9　各产品机器加工工时

生产批号	机器工时/小时
0701 号	3 000
0802 号	2 000
0903 号	1 500
0904 号	3 500
合计	10 000

三、实务操作要求

1. 根据领料凭证汇总表和其他资料,编制材料费用分配表(表 2.2.2.10)。

表 2.2.2.10　材料费用分配表

20×8 年 9 月　　　　　　　　　　　　　　　　　　　　　　单位:元

项目	基本生产				辅助生产	制造费用	管理费用	合计
	0802 号	0903 号	0904 号	合计				
原材料								
辅助材料								
低值易耗品								
合计								

2. 根据工资结算汇总表和其他资料,编制职工薪酬分配表(表 2.2.2.11)。

表 2.2.2.11　职工薪酬分配表

20×8 年 9 月　　　　　　　　　　　　　　　　　　　　　　单位:元

应借科目		生产人员工资							工资及职工福利等				职工薪酬合计
		计件工资				计时工资			车间生产人员工资	车间管理人员工资	管理部门人员工资	福利费用等	
		计件工资	分配率	应承担的非计件工资	小计	生产工时	分配率	金额					
基本生产	0701 号												
	0802 号												
	甲产品小计												
	0903 号												
	0904 号												
	乙产品小计												
	基本生产小计												
辅助生产													
制造费用													
管理费用													

3. 根据固定资产折旧计算表,编制固定资产折旧费用分配表(表 2.2.2.12)。

表 2.2.2.12　固定资产折旧费用分配表

20×8 年 9 月　　　　　　　　　　　　　　　　　　　　　　单位:元

应借账户		金　额
制造费用	基本生产车间	
生产成本	机修车间	
管理费用		

4. 根据支付的水电费资料,编制水电费分配表(表 2.2.2.13)。

表 2.2.2.13　水电费分配表

20×8 年 9 月

使用部门	电　费			水　费			合计
	用电数/千瓦时	分配率	金额/元	用水量/吨	分配率	金额/元	
生产车间							
机修车间							
行政管理							
合计							

5. 根据各项费用分配表和其他有关资料,登记辅助生产成本明细账(表 2.2.2.14)。

表 2.2.2.14　辅助生产成本明细账

车间:机修车间　　　　　　　20×8 年 9 月　　　　　　　　　　　　单位:元

月	日	摘　　要	原材料	工资	制造费用	合计
9	30	据材料费用分配表				
	30	据职工薪酬分配表				
	30	据固定资产折旧费用分配表				
	30	据水电费分配表				
	30	据辅助生产费用分配表				
	30	合计				

6. 根据辅助生产成本明细账和其他资料,编制辅助生产成本分配表(表 2.2.2.15)。

表 2.2.2.15 辅助生产成本分配表

20×8 年 9 月　　　　　　　　　　　　　　　　　　　　　　　金额单位:元

辅助生产部门名称		机修车间	合　计
待分配费用			
供应辅助生产部门以外单位的劳务量			
费用分配率(单位成本)			
应借账户	制造费用——一车间	耗用量		
		金额		
	管理费用	耗用量		
		金额		
	分配金额合计			

7. 根据各项费用分配表和其他有关资料,登记制造费用明细表(表 2.2.2.16)。

表 2.2.2.16　制造费用明细账

20×8 年 9 月　　　　　　　　　　　　　　　　　　　　　　　　　单位:元

月	日	摘　要	职工薪酬	辅助材料	水电费	折旧费	机修费	低值易耗品	办公费	合计
9	30	据现金付款凭证								
	30	据材料费用分配表								
	30	据职工薪酬分配表								
	30	据水电费分配表								
	30	据折旧费用分配表								
	30	据辅助生产费用分配表								
	30	制造费用分配转出								
	30	合计								

8. 根据制造费用明细账和其他相关资料,编制制造费用分配表(表 2.2.2.17)。

表 2.2.2.17　制造费用分配表

车间:一车间　　　　　　　　20×8 年 9 月

批　号	机器工时/小时	分　配　率	金额/元
0701 号			
0802 号			
0903 号			
0904 号			
合计			

9. 根据各项费用分配表和其他有关资料,登记产品成本明细账(表 2.2.2.18~表 2.2.2.21)。

表 2.2.2.18　产品成本明细账

产品批号:0701 号　　　　　　　　　　　　　　　　　　　　　　　投产日期:7 月
产品名称:甲产品　　　　　　　　批量:10 件　　　　　　　　　　　完工日期:9 月

项目	原材料/元	薪酬/元	制造费用/元	合计/元
月初在产品				
本月生产费用				
生产费用合计				
完工产品成本				
单位成本				

表 2.2.2.19　产品成本明细账

产品批号:0802 号　　　　　　　　　　　　　　　　　　　　　　　投产日期:8 月
产品名称:甲产品　　　　　　　　批量:15 件　　　　　　　　　　　完工日期:(完工 5 件)

项目	原材料/元	薪酬/元	制造费用/元	合计/元
月初在产品				
本月生产费用				
生产费用合计				
单位产品计划成本				
转完工产品成本				
月末在产品成本				

表 2.2.2.20　产品成本明细账

产品批号:0903 号　　　　　　　　　　　　　　　　　　　　　　　投产日期:9 月
产品名称:乙产品　　　　　　　　批量:20 件　　　　　　　　　　　完工日期:10 月

项目	原材料/元	薪酬/元	制造费用/元	合计/元
本月生产费用				
生产费用合计				

表 2.2.2.21　产品成本明细账

产品批号:0904 号　　　　　　　　　　　　　　　　　　　　　　　投产日期:9 月
产品名称:乙产品　　　　　　　　批量:10 件　　　　　　　　　　　完工日期:9 月

项目	原材料/元	薪酬/元	制造费用/元	合计/元
本月生产费用				
生产费用合计				
完工产品成本				
单位成本				

训练三 产品成本计算的逐步结转分步法

一、基本情况

宏达工厂设有两个基本生产车间,即一车间和二车间,大量生产甲产品和乙产品。第一车间生产甲半成品和乙半成品,第二车间将甲半成品和乙半成品加工成甲产品和乙产品。半成品通过半成品库收发,半成品发出时采用全月一次加权平均法计价。该厂为了加强管理,采用逐步结转分步法计算产品成本。该企业另设有一个辅助生产的机修车间(三车间),辅助生产车间的制造费用通过"制造费用"账户核算。产品成本项目设有"直接材料""自制半成品""直接人工"和"制造费用"四个成本项目。各车间有关产品的"直接材料"和"自制半成品"成本项目的费用按本车间完工产品和本车间月末在产品数量进行分配,其他成本项目均按本车间完工产品和在产品的约当产量分配。第二车间产成品成本中包括的自制半成品成本,按第一车间所产半成品成本结构进行成本还原,按原始成本项目反映产成品成本。

二、20×8年9月份的有关资料

1. 有关付款凭证汇总的各项货币支出见表2.2.3.1。

表 2.2.3.1　各项货币支出汇总表　　　　　　　　　　　　单位:元

项目	办公费	劳动保护	其他费用
一车间	500	600	400
二车间	600	300	200
三车间	500	300	500
管理费用	2 000	500	600

2. 本月编制的领料凭证汇总表见表2.2.3.2,甲产品和乙产品共同耗用A材料,本月共耗用A材料共计84 000元。各产品的A材料消耗定额分别为:甲产品6千克,乙产品4千克。甲产品和乙产品共同耗用的A材料按各产品的A材料消耗定额分配,所有低值易耗品采用分期摊销法在5个月内分期摊销。甲产品和乙产品分别耗用的B材料和C材料直接计入各产品成本明细账中。

表 2.2.3.2 领料凭证汇总表

20×8 年 9 月　　　　　　　　　　　　　　　　　　　　　　　　　　单位:元

项　　目		一车间	二车间	三车间
原材料	A	84 000		
	B	200 000		50 000
	C	200 000		
	D			
	小计	484 000		50 000
低值易耗品	E	2 000	1 000	
	F	3 000	2 000	
	G			3 000
	H			1 000
	小计	5 000	3 000	4 000
机物料消耗	I	2 000		
	J	2 000		
	K		2 000	1 000
	L			2 000
	小计	4 000	2 000	3 000

3. 薪酬费用见表 2.2.3.3,各车间生产工人的薪酬均为计时工资,各车间的计时薪酬均按各车间生产产品的工时进行分配。

表 2.2.3.3 薪酬费用表

20×8 年 9 月　　　　　　　　　　　　　　　　　　　　　　　　　　单位:元

部　　门	生产人员	管理人员
一车间	77 976	25 992
二车间	64 980	12 996
三车间	25 992	6 498
行政管理		25 992

4. 各车间有关产品的生产工时资料见表 2.2.3.4。

表 2.2.3.4　生产工时资料

20×8 年 9 月　　　　　　　　　　　　　　　　　　　　　　　　　　　单位:小时

部　门		工　时
一车间	甲半成品	3 000
	乙半成品	2 000
	小计	5 000
二车间	甲产成品	1 500
	乙产成品	2 500
	小计	4 000
合计		9 000

5. 外购动力费用见表 2.2.3.5，各车间电费均按各车间生产的产品的生产工时分配。

表 2.2.3.5　外购动力费用

20×8 年 9 月　　　　　　　　　　　　　　　　　　　　　　　　　　　　单位:元

部　门	生产车间用电	管理部门用电
一车间	12 000	1 000
二车间	10 000	1 000
三车间	5 000	500
行政管理		2 000

6. 固定资产折旧费见表 2.2.3.6。

表 2.2.3.6　固定资产折旧费

20×8 年 9 月　　　　　　　　　　　　　　　　　　　　　　　　　　　　单位:元

项目	一车间	二车间	三车间	行政管理
折旧费用	20 000	15 000	20 000	10 000

7. 9 月份摊销本月应承担的各种低值易耗品费用。

8. 辅助生产的机修车间本月提供机修服务发生的机修工时为 1 000 小时，其中为一车间提供 400 小时，二车间提供 500 小时，行政管理提供 100 小时。

9. 各车间的制造费用均按各车间生产产品的生产工时分配。

10. 本月初有关半成品库结存的半成品资料见表 2.2.3.7。

表 2.2.3.7　月初半成品结存资料

20×8 年 9 月

产　品	实际数量/件	实际成本/元
甲半成品	400	154 000
乙半成品	300	147 243

11. 月初在产品成本资料见表2.2.3.8。

表 2.2.3.8　月初在产品成本资料

20×8 年 9 月　　　　　　　　　　　　　　　　　　　　　　　　　　　　单位:元

项 目		直接材料	自制半成品	直接人工	制造费用	合计
一车间	甲半成品	53 440		8 200	11 000	72 640
	乙半成品	76 200		7 600	10 000	93 800

12. 有关产量记录见表2.2.3.9。

表 2.2.3.9　产 量 表

20×8 年 9 月

		月初在产品/件	本月投入/件	本月完工/件	月末在产品/件	月末在产品完工程度
一车间	甲半成品	200	1 000	800	400	50%
	乙半成品	200	600	700	100	50%
二车间	甲产品	—	600	500	100	50%
	乙产品	—	500	300	200	50%

三、实务操作要求

1. 据领料凭证汇总表和其他资料,编制材料费用分配表(表2.2.3.10)。

表 2.2.3.10　材料费用分配表

20×8 年 9 月　　　　　　　　　　　　　　　　　　　　　　　　　　　　单位:元

应借账户		成本或费用明细项目	间接计入			直接计入	合计
			定额耗用量/千克	分配率	分配额		
生产成本	一车间	甲半成品					
		乙半成品					
		小计					
生产成本	三车间	直接材料					
制造费用	一车间	低值易耗品					
		机物料消耗					
	二车间	低值易耗品					
		机物料消耗					
	三车间	低值易耗品					
		机物料消耗					

2. 据工资费用资料,编制职工薪酬分配表(表 2.2.3.11)。

表 2.2.3.11 职工薪酬分配表

20×8 年 9 月 单位:元

应借账户			成本或费用项目	生产工时	分配率	薪酬费用
生产成本	一车间	甲半成品	直接人工			
		乙半成品	直接人工			
		小计				
	二车间	甲产品	直接人工			
		乙产品	直接人工			
		小计				
生产成本	三车间		直接人工			
制造费用	一车间		职工薪酬			
	二车间		职工薪酬			
	三车间		职工薪酬			
管理费用			职工薪酬			
合计						

3. 据有关各部门用电情况,编制电费分配表(表 2.2.3.12)。

表 2.2.3.12 电费分配表

20×8 年 9 月 单位:元

应借账户			成本或费用项目	生产工时	分配率	金额
生产成本	一车间	甲半成品	直接材料			
		乙半成品	直接材料			
		小计				
	二车间	甲产品	直接材料			
		乙产品	直接材料			
		小计				
生产成本	三车间		直接材料			
制造费用	一车间		电费			
	二车间		电费			
	三车间		电费			
管理费用			电费			

4. 据固定资产资料,编制固定资产折旧费用分配表(表 2.2.3.13)。

表 2.2.3.13 固定资产折旧费用分配表

20×8 年 9 月　　　　　　　　　　　　　　　　　　　　单位:元

项目	生产车间				行政管理	合计
	一车间	二车间	三车间	小计		
折旧费						

5. 据低值易耗品摊销资料,编制低值易耗品费用分配表(表 2.2.3.14)。

表 2.2.3.14 低值易耗品费用分配表

20×8 年 9 月　　　　　　　　　　　　　　　　　　　　单位:元

应借账户			摊销金额
制造费用	一车间	低值易耗品	
	二车间	低值易耗品	
	三车间	低值易耗品	
合　计			

6. 据各项费用分配表,登记辅助生产车间制造费用明细账(表 2.2.3.15)。

表 2.2.3.15 辅助生产车间制造费用明细账

20×8 年 9 月　　　　　　　　　　　　　　　　　　　　单位:元

月	日	摘要	职工薪酬	机物料消耗	电费	折旧费	低值易耗品	劳动保护	办公费	其他	合计
9	30	据付款凭证汇总表									
	30	据材料费用分配表									
	30	据职工薪酬分配表									
	30	据电费分配表									
	30	据折旧费用分配表									
	30	低值易耗品费用分配表									
	30	转出制造费用									
	30	合计									

7. 据辅助生产车间制造费用明细账,编制辅助生产车间制造费用分配表(表 2.2.3.16)。

表 2.2.3.16　辅助生产车间制造费用分配表

20×8年9月　　　　　　　　　　　　　　　　　　　单位:元

应借账户	金　　额
生产成本——机修车间	

8. 据辅助生产车间生产费用分配表,登记辅助生产车间生产成本明细账(表 2.2.3.17)。

表 2.2.3.17　辅助生产车间生产成本明细账

车间:机修车间　　　　　　20×8年9月　　　　　　　　　　单位:元

月	日	摘　　要	直接材料	直接人工	制造费用	合计
9	30	据材料费用分配表				
	30	据职工薪酬分配表				
	30	据电费分配表				
	30	据辅助生产车间制造费用明细账				
	30	据辅助生产车间生产费用分配表				
	30	合计				

9. 据辅助生产车间生产成本明细账,编制辅助生产车间生产费用分配表(表 2.2.3.18)。

表 2.2.3.18　辅助生产车间生产费用分配表

车间:机修车间　　　　　　20×8年9月　　　　　　　　金额单位:元

辅助生产部门名称			机修车间	合　　计
待分配费用				
供应辅助生产部门以外单位的劳务量				
费用分配率(单位成本)				
应借账户	制造费用——一车间	耗用数量		
		分配金额		
	制造费用——二车间	耗用数量		
		分配金额		
	管理费用	耗用数量		
		分配金额		
分配金额合计				

10. 据辅助生产费用分配表,登记一车间制造费用明细账(表 2.2.3.19)、二车间制造费用明细账(表 2.2.3.20)。

表 2.2.3.19　一车间制造费用明细账

20×8 年 9 月　　　　　　　　　　　　　　　　　　　　　　　　　　　　单位：元

月	日	摘　要	职工薪酬	机物料消耗	电费	折旧费	运输费	低值易耗品	劳动保护	办公费	其他	合计
9	30	据各项货币支出汇总表										
	30	据材料费用分配表										
	30	据职工薪酬分配表										
	30	据电费分配表										
	30	据固定资产折旧费用分配表										
	30	低值易耗品费用分配表										
	30	据辅助生产车间生产费用分配表										
	30	制造费用分配转出										
	30	合计										

表 2.2.3.20　二车间制造费用明细账

20×8 年 9 月　　　　　　　　　　　　　　　　　　　　　　　　　　　　单位：元

月	日	摘　要	职工薪酬	机物料消耗	电费	折旧费	运输费	低值易耗品	劳动保护	办公费	其他	合计
9	30	据各项货币支出汇总表										
	30	据材料费用分配表										
	30	据职工薪酬分配表										
	30	据电费分配表										
	30	据固定资产折旧费用分配表										
	30	低值易耗品费用分配表										
	30	据辅助生产车间生产费用分配表										
	30	制造费用分配转出										
	30	合计										

11. 据基本生产车间制造费用明细账，编制一车间制造费用分配表和二车间制造费用分配表（表 2.2.3.21、表 2.2.3.22）。

表 2.2.3.21　一车间制造费用分配表

20×8 年 9 月　　　　　　　　　　　　　　　　　　　　　　　　　　　　单位：元

应借账户		生产工时	分配率	金额
生产成本	甲半成品			
	乙半成品			
合计				

表 2.2.3.22　二车间制造费用分配表

20×8 年 9 月　　　　　　　　　　　　　　　　　　单位:元

应借账户		生产工时	分配率	金额
生产成本	甲产品			
	乙产品			
合计				

12. 据基本生产车间制造费用分配表,登记产成品明细账(表 2.2.3.23、表 2.2.3.24)。

表 2.2.3.23　产成品明细账

产品名称:甲半成品　　　　　20×8 年 9 月　　　　　　　　单位:元

月	日	摘　要	直接材料	直接人工	制造费用	合计
9	1	月初在产品成本				
	30	据材料费用分配表				
	30	据职工薪酬分配表				
	30	据电费分配表				
	30	据一车间制造费用分配表				
	30	生产费用合计				
	30	单位产品成本				
	30	完工半成品成本				
	30	月末在产品成本				

表 2.2.3.24　产成品明细账

产品名称:乙半成品　　　　　20×8 年 9 月　　　　　　　　单位:元

月	日	摘　要	直接材料	直接人工	制造费用	合计
9	1	月初在产品成本				
	30	据材料费用分配表				
	30	据职工薪酬分配表				
	30	据电费分配表				
	30	据一车间制造费用分配表				
	30	生产费用合计				
	30	单位产品成本				
	30	完工半成品成本				
	30	月末在产品成本				

13. 据一车间产品成本明细账和其他资料,登记自制半成品明细账(表 2.2.3.25、表 2.2.3.26)。

表 2.2.3.25　自制半成品明细账

产品名称:甲半成品　　　　　　　　20×8 年 9 月　　　　　　　　　　　　单位:元

月	日	摘要	收入		发出		结余		
			数量	金额	数量	金额	数量	单价	金额
9	1	期初							
	30	入库							
	30	发出							

表 2.2.3.26　自制半成品明细账

产品名称:乙半成品　　　　　　　　20×8 年 9 月　　　　　　　　　　　　单位:元

月	日	摘要	收入		发出		结余		
			数量	金额	数量	金额	数量	单价	金额
9	1	期初							
	30	入库							
	30	发出							

14. 据二车间领用自制半成品资料,登记产成品明细账(表 2.2.3.27、表 2.2.3.28),计算二车间产品成本。

表 2.2.3.27　产成品明细账

产品名称:甲产成品　　　　　　　　20×8 年 9 月　　　　　　　　　　　　单位:元

月	日	摘　　要	直接材料	自制半成品	直接人工	制造费用	合计
9	1	月初在产品成本	—	—			
	30	据自制半成品领用凭证					
	30	据职工薪酬分配表					
	30	据电费分配表					
	30	据一车间制造费用分配表					
	30	生产费用合计					
	30	单位产品成本					
	30	完工产成品成本					
	30	月末在产品成本					

表 2.2.3.28 产成品明细账

产品名称:乙产成品　　　　　　20×8 年 9 月　　　　　　　　　　　　　　单位:元

月	日	摘要	直接材料	自制半成品	直接人工	制造费用	合计
9	1	月初在产品成本	—	—	—	—	—
	30	据自制半成品领用凭证					
	30	据职工薪酬分配表					
	30	据电费分配表					
	30	据一车间制造费用分配表					
	30	生产费用合计					
	30	单位产品成本					
	30	完工产成品成本					
	30	月末在产品成本					

15. 编制产成品成本还原计算表(表 2.2.3.29、表 2.2.3.30)。

表 2.2.3.29 产成品成本还原计算表

产品名称:甲产品　　　　　　20×8 年 9 月　　　　　　　　　　　　金额单位:元

项目	还原前产成品成本	本月所产半成品成本	产成品成本中半成品成本还原	还原后产成品总成本	还原后产成品单位成本
产量/件					
还原分配率					
自制半成品					
直接材料					
直接人工					
制造费用					
成本合计					

表 2.2.3.30 产成品成本还原计算表

产品名称:乙产品　　　　　　20×8 年 9 月　　　　　　　　　　　　金额单位:元

项目	还原前产成品成本	本月所产半成品成本	产成品成本中半成品成本还原	还原后产成品总成本	还原后产成品单位成本
产量/件					
还原分配率					
自制半成品					
直接材料					
直接人工					
制造费用					
成本合计					

训练四 产品成本计算的平行结转分步法

一、基本情况

汇丰工厂设有两个基本生产车间(一车间和二车间),大量生产甲产品和乙产品。第一车间加工半成品,第二车间将半成品加工成产成品,半成品通过半成品库收发。该工厂不需要计算半成品成本,成本计算采用平行结转分步法计算。该工厂还有一个辅助生产的机修车间(三车间),辅助生产车间的制造费用通过"制造费用"账户核算。产品成本项目包括"直接材料""直接人工"和"制造费用"三个成本项目。材料在第一车间生产开始时一次投入。

二、20×8 年 9 月的有关资料

1—10. 十笔业务资料同制造成本实务模拟综合训练三 1—10 项业务资料。

11. 本月初半成品库中存放甲半成品 400 件,乙半成品 300 件。

12. 月初在产品成本资料见表 2.2.4.1。

表 2.2.4.1 月初产品成本资料

20×8 年 9 月　　　　　　　　　　　　　　　　　　　　单位:元

项	目	直接材料	直接人工	制造费用	合　　计
一车间	甲半成品	166 735	25 584	34 321	226 640
	乙半成品	195 815	19 530	25 698	241 043

13. 有关产量记录见表 2.2.4.2。

表 2.2.4.2 产 量 表

20×8 年 9 月

项	目	月初在产品/件	本月投入/件	本月完工/件	月末在产品/件	月末在产品完工程度
一车间	甲半成品	200	1 000	800	400	50%
	乙半成品	200	600	700	100	50%
二车间	甲产品	—	600	500	100	50%
	乙产品	—	500	300	200	50%

三、实务操作要求

1. 根据材料费用分配表、职工薪酬分配表、电费分配表、一车间制造费用分配表、二车间制造费用分配表登记一车间和二车间的产品成本明细账(表 2.2.4.3~表 2.2.4.6)。

表 2.2.4.3 产成品明细账

产品名称：甲半成品　　　　20×8 年 9 月

车间：一车间　　　　　　　　　　　　　　　　　　　　　　　　　单位：元

月	日	摘　要	直接材料	直接人工	制造费用	合计
9	1	月初在产品成本				
	30	据材料费用分配表				
	30	据职工薪酬分配表				
	30	据电费分配表				
	30	据一车间制造费用分配表				
	30	生产费用合计				
	30	费用分配率				
	30	产成品中本步骤的份额				
	30	月末在产品成本				

表 2.2.4.4 产成品明细账

产品名称：乙半成品　　　　20×8 年 9 月

车间：一车间　　　　　　　　　　　　　　　　　　　　　　　　　单位：元

月	日	摘　要	直接材料	直接人工	制造费用	合计
9	1	月初在产品成本				
	30	据材料费用分配表				
	30	据职工薪酬分配表				
	30	据电费分配表				
	30	据一车间制造费用分配表				
	30	生产费用合计				
	30	费用分配率				
	30	产成品中本步骤的份额				
	30	月末在产品成本				

表 2.2.4.5 产成品明细账

产品名称：甲产成品　　　　20×8 年 9 月

车间：二车间　　　　　　　　　　　　　　　　　　　　　　　　　单位：元

月	日	摘　要	直接材料	直接人工	制造费用	合计
9	1	月初在产品成本	—	—	—	—
	30	据职工薪酬分配表				
	30	据电费分配表				
	30	据二车间制造费用分配表				
	30	生产费用合计				
	30	费用分配率				
	30	产成品中本步骤的份额				
	30	月末在产品成本				

表 2.2.4.6　产成品明细账

产品名称：乙产成品　　　　　　20×8 年 9 月

车间：二车间　　　　　　　　　　　　　　　　　　　　　　　　单位：元

月	日	摘　　要	直接材料	直接人工	制造费用	合计
9	1	月初在产品成本	—	—	—	—
	30	据职工薪酬分配表				
	30	据电费分配表				
	30	据二车间制造费用分配表				
	30	生产费用合计				
	30	费用分配率				
	30	产成品中本步骤的份额				
	30	月末在产品成本				

2. 根据产成品明细账，计算各车间各产品应计入产成品的份额以及月末在产品成本。
3. 编制产成品成本汇总表（表 2.2.4.7、表 2.2.4.8）。

表 2.2.4.7　产成品成本汇总表

产品名称：甲产品　　　　　　20×8 年 9 月

完工产量：500　　　　　　　　　　　　　　　　　　　　　　　单位：元

车间份额	直接材料	直接人工	制造费用	合计
一车间份额				
二车间份额				
总成本				
单位成本				

表 2.2.4.8　产成品成本汇总表

产品名称：乙产品　　　　　　20×8 年 9 月

完工产量：300　　　　　　　　　　　　　　　　　　　　　　　单位：元

车间份额	直接材料	直接人工	制造费用	合计
一车间份额				
二车间份额				
总成本				
单位成本				

主编简介

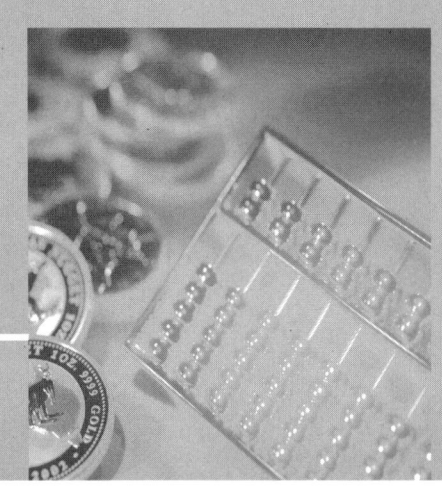

江希和，教授，会计学博士，硕士研究生导师。现任南京师范大学会计与财务发展研究中心主任，中国注册会计师，江苏省会计教学研究会常务理事等。曾被评为江苏省"青蓝工程"优秀青年骨干教师，多次获得南京师范大学"教书育人"奖、南京师范大学优秀教师和优秀管理者奖等奖项。

长期从事财务、税收与会计学的教学与研究工作。在国内核心期刊和海外期刊上发表学术论文50余篇，主编教材8本，主持省部级、国家级及横向科研课题20多项，有多项科研成果被评为厅级优秀成果一等奖、二等奖，有多项教学成果被评为校级优秀教学成果特等奖、一等奖。

郑重声明

高等教育出版社依法对本书享有专有出版权。任何未经许可的复制、销售行为均违反《中华人民共和国著作权法》，其行为人将承担相应的民事责任和行政责任；构成犯罪的，将被依法追究刑事责任。为了维护市场秩序，保护读者的合法权益，避免读者误用盗版书造成不良后果，我社将配合行政执法部门和司法机关对违法犯罪的单位和个人进行严厉打击。社会各界人士如发现上述侵权行为，希望及时举报，本社将奖励举报有功人员。

反盗版举报电话　（010）58581999　58582371　58582488
反盗版举报传真　（010）82086060
反盗版举报邮箱　dd@hep.com.cn
通信地址　　　　北京市西城区德外大街4号
　　　　　　　　高等教育出版社法律事务与版权管理部
邮政编码　　　　100120

防伪查询说明

用户购书后刮开封底防伪涂层，利用手机微信等软件扫描二维码，会跳转至防伪查询网页，获得所购图书详细信息。用户也可将防伪二维码下的20位密码按从左到右、从上到下的顺序发送短信至106695881280，免费查询所购图书真伪。

反盗版短信举报

编辑短信"JB,图书名称,出版社,购买地点"发送至10669588128

防伪客服电话

（010）58582300

增值服务使用说明

资源服务电子邮箱:songchen@hep.com.cn　咨询电话:（010）58581854
欢迎加入高教社高职会计研讨资源服务QQ群:708994051